MW01710374

LA SOCIÉTÉ DES LOISIRS
est le cinquante-septième ouvrage
publié chez
Dramaturges Éditeurs

Dramaturges Éditeurs
4740, rue Adam
Montréal (Québec) H1V 1V5
Téléphone : (514) 527-7226
Courriel : info@dramaturges.qc.ca
Site internet : www.dramaturges.qc.ca

Mise en pages : Claude Champagne
Correction des épreuves : Claude Champagne
Maquette de la couverture : Yvan Bienvenue

Dramaturges Éditeurs bénéficie d'une subvention du Conseil des Arts du Canada.

Dépôt légal : premier trimestre 2003
Bibliothèque nationale du Québec
Bibliothèque nationale du Canada

ISBN 2-922182-56-8

François Archambault

LA SOCIÉTÉ DES LOISIRS

Dramaturges Éditeurs

AUSSI CHEZ DRAMATURGES ÉDITEURS

Nocturne, de Pan Bouyoucas
Barbe-Bleue, de Isabelle Cauchy
Nuit de chasse, de Micheline Parent
La Nuit où il s'est mis à chanter, de Claude Champagne
Couteau, de Isabelle Hubert (coédité avec les Éditions Lansman)
Le Soir de la dernière, de Isabelle Doré
L'Humoriste, de Claude Champagne
Laguna Beach, de Raymond Villeneuve
Le lit de mort, de Yvan Bienvenue
24 poses (portrait), de Serge Boucher
Antarktikos, de David Young
Untempsdechien / Piégés de Alex Johnston / Pól Mag Uidhir
Code 99, de François Archambault
Les Enfants d'Irène, de Claude Poissant
L'Odyssée d'après Homère, de Dominic Champagne et Alexis Martin
La Nostalgie du paradis, de François Archambault
Dits et Inédits 2, de Yvan Bienvenue
extasy_land.com, de Jean-Frédéric Messier
L'Homme des tavernes, de Louis Champagne
Tsuru, d'Anne-Marie Théroux
Un éléphant dans le cœur, de Jean-Frédéric Messier
Cyber Jack, de Michel Monty
Stampede, de François Létourneau
L'Hôtel des horizons, de Reynald Robinson
Natures mortes, de Serge Boucher
Délit de fuite, de Claude Champagne
Les Disparus, Marie-Christine Lê-Huu
Écritures pour le théâtre,Tome I, de Jean-Pierre Ronfard
Deux pas vers les étoiles, de Jean-Rock Gaudreault
Jocelyne est en dépression, de Olivier Choinière
Dits et Inédits 3, de Yvan Bienvenue
Cheech, de François Létourneau
La terre est tellement grande, de Margaret McBrearty
Écritures pour le théâtre,Tome II, de Jean-Pierre Ronfard
Les gymnastes de l'émotion, de Louis Champagne et Gabriel Sabourin
Texas, de François Létourneau
Écritures pour le théâtre,Tome III, de Jean-Pierre Ronfard

PERSONNAGES

MARIE-PIERRE et PIERRE-MARC,
un couple marié avec un enfant en bas âge

ANNE-MARIE et MARC-ANTOINE,
des amis de cul

environ 35 ans, sauf Anne-Marie qui en a 21

ils sont à l'aise
beaux, chics, propres

La première représentation publique d'une version de *La société des loisirs* a eu lieu le 4 mars 2003 à La Licorne, à Montréal.

Mise en scène : Michel Monty
Assistance à la mise en scène et régie : Marie-Hélène Dufort

Distribution :
Christian Bégin (Pierre-Marc)
Marie-Hélène Thibault (Marie-Pierre)
Geneviève Néron (Anne-Marie)
Normand D'Amour (Marc-Antoine)

Décor : Olivier Landreville
Costumes : Marc Senécal
Éclairages : Martin Labrecque
Musique originale : Jean-François Pednô
Accessoires : Patricia Ruel

Une production du Théâtre de la Manufacture.

Merci pour :

Conseils, oreille attentive et patience extrême : Jean-Denis Leduc
Lecture et conseils de pro : Jean-Marc Dalpé
Travail d'atelier : Monsieur Monty et ses sympathiques comédiens + Brigitte Poupart et Jacques Girard

Et merci pour avoir nourri, sans le savoir, les réflexions qui se cachent derrière les répliques, le silence et le vide des personnages : Martin Roussy, Stéphane Crête, Marie-Christine Lê-Huu, Denis Bernard, Tania Kontoyanni et François-Étienne Paré.

L'écriture de cette pièce a été rendue possible grâce à une bourse du Conseil des Arts du Canada. Le texte a été réalisé dans le cadre d'une résidence au Théâtre de la Manufacture.

0

Marie-Pierre et Pierre-Marc, face public, flottent dans un faisceau de lumière. Ils donnent l'impression d'être un couple uni et harmonieux... Une première question leur est posée. «VOUS ALLEZ BIEN?»

PIERRE-MARC
Ah oui! On est heureux.

MARIE-PIERRE
On est très heureux.

PIERRE-MARC
On s'aime encore.

MARIE-PIERRE
Ça va bien.

PIERRE-MARC
Après cinq ans! C'est fort, hein?

MARIE-PIERRE
Cinq ans et demi!

PIERRE-MARC

Tout le monde nous demande comment on fait pour être encore ensemble!

MARIE-PIERRE

Les gens passent leur temps à se séparer. C'est pathétique.

PIERRE-MARC

Nous, on traverse les épreuves. On s'aime.

MARIE-PIERRE

C'est ça. On s'aime.

Ils se sourient. Se prennent la main. Une autre question... «IDÉALEMENT, VOUS AIMERIEZ AVOIR COMBIEN D'ENFANTS?»

PIERRE-MARC

Personnellement, on aurait aimé ça en avoir trois.

MARIE-PIERRE

Ils sont trois enfants, dans la famille de Pierre-Marc.

PIERRE-MARC

Une famille normale, normalement c'est trois.

MARIE-PIERRE

Moi, je suis fille unique.

PIERRE-MARC

Mais y en a pus de famille normale.

MARIE-PIERRE

On s'est dit que deux, c'était un entre-deux acceptable.

PIERRE-MARC
On aurait pu en faire un deuxième.

MARIE-PIERRE
J'aurais pu. J'ai rien contre l'accouchement.

PIERRE-MARC
C'est sûr que ça peut être un beau moment.

MARIE-PIERRE, *à la blague*
Ah. Ç'a été un beau moment. Quand ç'a été fini.

La question suivante. «ÇA SE PASSE BIEN AVEC LE PETIT?»

MARIE-PIERRE
Avec le petit? Oui, oui. Assez bien, oui.

PIERRE-MARC
Il est en garderie. Une excellente garderie.

MARIE-PIERRE
Les filles ont vraiment le tour avec.

PIERRE-MARC
Ah oui! Elles ont le tour!

MARIE-PIERRE
Plus que moi, même!

PIERRE-MARC
On est pas là souvent. Mais quand on est là, on essaye d'être là le plus possible.

MARIE-PIERRE
On donne du *quality time*.

PIERRE-MARC
C'est ça : du *quality time*.

MARIE-PIERRE
Mais on aimerait bien lui donner une petite sœur, aussi.

PIERRE-MARC
Deux enfants, ça peut juste être un plus.

MARIE-PIERRE
Ils vont pouvoir jouer ensemble.

PIERRE-MARC
Ça peut juste être un plus.

MARIE-PIERRE
C'est ça. Ça peut juste être un plus.

Question. «POUR QUELLE RAISON AVEZ-VOUS CHOISI D'ADOPTER UNE CHINOISE?»

PIERRE-MARC
Ah... Y a pas de raison. Ç'aurait pu être une autre race.

MARIE-PIERRE
Y a pas vraiment de raison, non.

PIERRE-MARC
C'est juste — je sais pas — on trouve ça cute.

MARIE-PIERRE

Oui. C'est cute... mais on peut pas dire qu'on a une race préférée, là.

PIERRE-MARC

Ç'aurait pu être d'autres choses, mais comme il fallait faire un choix, ben, on a choisi «ça».

MARIE-PIERRE

On a été voir un concours de musique y a pas longtemps. Une petite nièce. Les premiers prix, c'est des petits Chinois qui les ont eus. C'est peut-être un peu pour ça qu'on a penché vers la Chine.

PIERRE-MARC

Ah oui, je sais pas. *(À Marie-Pierre.)* Vois-tu, j'avais pas fait le lien.

MARIE-PIERRE

On a un piano. On s'est acheté un piano.

PIERRE-MARC

C'est un cadeau que j'ai offert à Marie.

MARIE-PIERRE

Je sais pas en jouer.

PIERRE-MARC

Elle a toujours rêvé d'avoir un piano.

MARIE-PIERRE

J'aurai jamais le temps d'apprendre. Avec une petite Chinoise, on est certains qu'y a au moins une personne dans la maison qui va pouvoir s'en servir!

Une dernière question qui les met plutôt mal à l'aise. «VOTRE PETIT GARÇON... IL PEUT APPRENDRE LE PIANO, LUI AUSSI, NON?»

PIERRE-MARC
Le petit? Je penserais pas.

MARIE-PIERRE
On est pas doués pour la musique ni l'un ni l'autre.

PIERRE-MARC
Je vois pas le petit faire de la musique. Tu le vois, toi, faire de la musique?

MARIE-PIERRE
Non, non.

PIERRE-MARC
Je penserais pas qu'il fasse de la musique.

MARIE-PIERRE
Il pleure beaucoup.

PIERRE-MARC
Oui. C'est ça. Il pleure beaucoup.

1

Quelque chose qui évoque une salle de séjour. Ou un salon. Une table basse, deux divans. Un piano à queue. C'est bien décoré. C'est presque trop beau pour être vrai. Des portes ou des ouvertures qui mènent aux chambres, à la cuisine et à la salle à manger.

Il y a, sur un des meubles, un moniteur pour entendre ce que le bébé fait dans son lit. Effectivement, on entend bien clairement le bébé qui pleure. Marie-Pierre est installée au piano, la tête penchée. Elle frappe nonchalamment les notes graves. Ça peut être long.

2

Pierre-Marc et Marie-Pierre. Debout, fébriles, un peu inquiets. Le bébé s'est calmé.

PIERRE-MARC
T'as des cigarettes?

MARIE-PIERRE
On a arrêté de fumer.

PIERRE-MARC
Je sais. Mais t'en as?

MARIE-PIERRE
Ça fait même pas une heure qu'on a arrêté.

PIERRE-MARC
Justement. Je peux bien en prendre une.

MARIE-PIERRE
C'était pas la dernière, tantôt?

PIERRE-MARC
Je l'ai pas fumé comme une dernière.

MARIE-PIERRE

Pourtant, c'était clair que c'était la dernière!

PIERRE-MARC

Je suis juste frustré, là. J'aurais aimé ça la fumer comme une dernière.

MARIE-PIERRE

Comment on fume ça, une dernière?

PIERRE-MARC

Je sais pas. Tu la fumes. Je veux dire : tu fais rien d'autre. Tu la fumes.

MARIE-PIERRE

Tu fais rien? C'est comme ça qu'on fume une dernière cigarette? On fait rien?

PIERRE-MARC

Tu fumes ta cigarette pis... euh... tu penses à la première fois que t'as fumé! C'est ça.

MARIE-PIERRE

C'est ridicule.

PIERRE-MARC

As-tu, oui ou non, un autre paquet?

Marie-Pierre se dirige vers le piano. Elle soulève le couvercle du piano et en sort un paquet de cigarettes, un briquet et un cendrier.

PIERRE-MARC

T'as mis un paquet dans le piano?

MARIE-PIERRE

C'était pour les cas d'urgence.

PIERRE-MARC

Ah bon!

MARIE-PIERRE

J'ai bien fait, non?

Elle lui donne une cigarette, puis s'en prend une.

PIERRE-MARC, *étonné*

Tu t'en prends une?

MARIE-PIERRE

J'ai pas le droit?

PIERRE-MARC

Je pensais que c'était clair pour toi qu'on avait arrêté!

MARIE-PIERRE

Il est pas question que j'arrête de fumer avant toi!

PIERRE-MARC

T'as arrêté tantôt. Pour toi c'était clair qu'on arrêtait. Tu devrais pas en prendre une autre. C'est comme si tu recommençais.

MARIE-PIERRE

On arrête ensemble. On s'est dit : «on arrête ensemble.» Je vois pas pourquoi je devrais arrêter avant.

Elle allume les deux cigarettes. On fume. On savoure. Léger temps.

PIERRE-MARC
C'est cette robe-là que tu vas porter?

MARIE-PIERRE
Oui, pourquoi?

PIERRE-MARC
Tu trouves pas que ça fait joyeux?

MARIE-PIERRE
C'est une belle robe. C'est tout.

PIERRE-MARC
On est pas supposés être joyeux. On se sépare de notre meilleur ami.

MARIE-PIERRE
C'est pas notre meilleur ami, franchement!

PIERRE-MARC
Ah non? C'est qui notre meilleur ami?

MARIE-PIERRE
On en a pas de meilleur ami. On est pas obligés d'avoir un meilleur ami, là!

PIERRE-MARC
T'es habillée comme si on fêtait quelque chose! T'as l'air d'être contente de savoir qu'on le verra pus.

MARIE-PIERRE
Je suis contente aussi. Je pense que c'est une bonne chose qu'on fait là. Pas toi?

PIERRE-MARC

Oui. C'est sûr, oui. *(Pause.)* Mais je pense que ça serait bien qu'on lui montre qu'on trouve ça difficile. Non?

MARIE-PIERRE

Je m'excuse, mais t'es pas en train de la fumer comme une dernière.

PIERRE-MARC

S'cuse-moi. T'as raison. *(Léger temps. Il fume.)* C'est parce qu'y en a d'autres dans le paquet. Je peux pas la fumer comme une dernière : je sais qu'y en a d'autres dans le paquet.

MARIE-PIERRE

Tu veux que je le jette?

PIERRE-MARC

Non. Va falloir que j'en prenne une autre, je pense.

MARIE-PIERRE

Moi aussi, d'abord.

Pause. Ils fument.

PIERRE-MARC

C'est toi qui va lui parler?

MARIE-PIERRE

Ah. Parce que tu veux me laisser faire ça toute seule, peut-être?

PIERRE-MARC

Tu seras pas toute seule. Je vais rester avec toi. Je vais être avec toi. Tu vas lui parler. Je vais être à côté.

MARIE-PIERRE

Tu parleras pas?

PIERRE-MARC

Je vais te tenir le bras. Pour lui faire comprendre que je pense exactement comme toi.

MARIE-PIERRE

Je pensais que c'est toi qui t'en chargerais. Que c'était le genre d'affaire qui se règle entre hommes.

PIERRE-MARC

C'est juste qu'il me doit cinq cents piastres.

MARIE-PIERRE

Tu lui as prêté cinq cents piastres?

PIERRE-MARC

Si c'est moi qui lui dis, il va penser que c'est parce qu'il me doit de l'argent.

MARIE-PIERRE

Je peux pas croire que tu lui as prêté cinq cents piastres!?

PIERRE-MARC

Est-ce que j'avais le choix? On est des amis. On est supposé être des amis.

MARIE-PIERRE

Il est pathétique.

PIERRE-MARC

Je sais. Tu lui dis?

MARIE-PIERRE

Je peux commencer, mais je trouve ça important que tu lui parles aussi. Pour que ça soit clair qu'on est deux là-dedans!

PIERRE-MARC

Oui, oui. Je sais. On est deux. J'oublie pas ça, là. On est deux.

Léger temps.

MARIE-PIERRE

Pis si tu veux savoir, c'est pas pour lui que j'ai mis cette robe-là. C'est pour toi.

PIERRE-MARC

Pour moi?

MARIE-PIERRE

Oui. Pour toi.

Autre temps. Pierre-Marc regarde sa femme.

PIERRE-MARC

Tu voulais qu'on fassc l'amour?

MARIE-PIERRE

Pourquoi tu dis ça?

PIERRE-MARC

Si tu l'as mis, c'est pour qu'on fasse l'amour?

MARIE-PIERRE

Y avait pas nécessairement de but. Je suis jamais habillée chic quand on se voit. Je me suis dit que ça serait bien que tu vois de quoi j'ai l'air quand je m'habille chic.

PIERRE-MARC
OK.

Pause. Il prend le temps de la regarder.

MARIE-PIERRE
Ça te donne envie de faire l'amour?

PIERRE-MARC
Ah. Juste si t'en as envie; là.

MARIE-PIERRE
OK.

PIERRE-MARC
T'as le goût qu'on...

MARIE-PIERRE
Je sais pas trop. On devrait peut-être.

PIERRE-MARC
Ça fait longtemps.

MARIE-PIERRE
C'est pas de notre faute. On a pus de temps.

Il la regarde longuement.

PIERRE-MARC
Voudrais-tu qu'on fasse l'amour?

MARIE-PIERRE
Là, là? Maintenant?

PIERRE-MARC

Ah? Tu veux le faire maintenant?

MARIE-PIERRE

Pas toi?

PIERRE-MARC

Je sais pas trop, là.

MARIE-PIERRE

Tu préfères attendre?

PIERRE-MARC

Ouin. Je sais pas. Peut-être. Je me disais qu'on pourrait peut-être le faire plus tard...

MARIE-PIERRE, *étonnée*

Plus tard? Tu veux dire... quand Marc-Antoine sera là?

PIERRE-MARC

Quoi?!

MARIE-PIERRE

T'as... T'avais envie de le faire avec lui?

PIERRE-MARC

Avec Marc-Antoine?

MARIE-PIERRE

Ben, tu sais, on en a déjà parlé.

PIERRE-MARC

De quoi tu parles?

MARIE-PIERRE
Tu me disais que peut-être on devrait le faire à trois...

PIERRE-MARC
Avec Marc-Antoine!? J'ai jamais dit que je voulais le faire avec Marc-Antoine! Surpris gêné

MARIE-PIERRE
À trois. Le faire à trois.

PIERRE-MARC
Franchement, Marie-Pierre. On avait bu, je pense.

MARIE-PIERRE
Tu disais qu'on était peut-être niaiseux de pas le faire. Qu'y avait plein de couples qui le faisaient.

PIERRE-MARC
Tu le sais, on était déprimés.

MARIE-PIERRE
T'étais déprimé.

PIERRE-MARC
C'était juste un fantasme. Pourquoi tu...

MARIE-PIERRE
Si ça peut te rendre heureux.

PIERRE-MARC
Tu veux me rendre heureux?

MARIE-PIERRE
Je sais pas.

PIERRE-MARC
J'ai l'air d'être malheureux?

MARIE-PIERRE
No-non.

PIERRE-MARC
J'ai l'air d'être plus malheureux que cette fois-là?

MARIE-PIERRE
Je penserais pas.

PIERRE-MARC
Pourquoi maintenant tu veux? Tu trouves que j'ai l'air d'être malheureux?

MARIE-PIERRE
Je m'excuse. Oublie ça. Je suis en train de te faire du mal, là. Tu voulais qu'on le fasse ensemble? Juste nous deux, c'est ça?

PIERRE-MARC
Oui. C'est ça. Juste nous deux. Plus tard : je veux dire, quand Marc-Antoine sera parti.

MARIE-PIERRE
OK. Ben. On le fera quand il sera parti.

Temps.

PIERRE-MARC
Ça va être mieux comme ça, je pense. Non?

MARIE-PIERRE
Oh. Oui, oui.

Temps.

PIERRE-MARC

De toute façon, on s'était dit que ça serait avec une autre fille. Pour que je puisse te voir embrasser une autre femme. C'est ça qu'on s'était dit qu'on voulait peut-être faire. Tu te vois embrasser Marc-Antoine? Moi je te vois pas, en tout cas.

MARIE-PIERRE

Il était pas question que je l'embrasse. Vous vous seriez occupés de moi. Tous les deux. Chacun à votre bout. C'est tout.

PIERRE-MARC

OK. *(Pause.)* Il serait en bas pis moi en haut?

MARIE-PIERRE

C'est sûr que j'aimerais mieux que ça soit toi en haut.

PIERRE-MARC

Ouin... De toute façon, on peut pas le faire avec Marc-Antoine. C'est un ami. On avait dit qu'on le ferait avec un étranger. Si on le faisait. Mais je suis pas certain qu'on savait ce qu'on disait quand on s'est parlé de ça.

Autre pause.

MARIE-PIERRE

C'est la dernière fois qu'on le voit. Ça sera pus un ami. Peut-être que ça se peut?

PIERRE-MARC

Franchement. Tu penses qu'après ce qu'on va lui dire, il va vouloir...

MARIE-PIERRE

Il couche avec n'importe qui.

PIERRE-MARC, *qui n'en revient pas*

Tu veux vraiment qu'on le fasse à trois?

MARIE-PIERRE

Ben. J'ai eu le temps d'y penser depuis qu'on en a parlé, pis je veux dire... c'est peut-être moins gros qu'on pense, là... même dans le Clin d'œil de ce mois-ci y a un article là-dessus. Pis ç'a l'air d'être quelque chose qui se peut, là...

PIERRE-MARC, *soudainement très ému*

Déshabille-toi.

MARIE-PIERRE

Quoi?

PIERRE-MARC

Déshabille-toi.

MARIE-PIERRE

Qu'est-ce qu'y a? Il est arrivé? T'as entendu son auto?

PIERRE-MARC

Non, non.

MARIE-PIERRE

Tu veux qu'on soit tout nus quand il va arriver?

PIERRE-MARC

On a une heure devant nous.

MARIE-PIERRE

Oui?

PIERRE-MARC

Déshabille-toi. Je suis excité.

MARIE-PIERRE

Ah. T'es excité? OK!

PIERRE-MARC

C'est ça.

Elle s'assoit sur les notes du piano. Il va la rejoindre. Il commence à l'embrasser. Noir. On entend un joli petit morceau de piano.

Tension

Problème

non-dit

gêne entre les deux

désir non assumé

3

Pierre-Marc et Marie-Pierre, après l'amour, assis tous les deux sur le banc du piano. Ils partagent une cigarette.

PIERRE-MARC

Je m'excuse. Ç'a été un peu rapide.

MARIE-PIERRE

Ça va. On était pressés.

Un temps.

PIERRE-MARC, *pour lui-même*

Si on le faisait plus souvent, ça m'aiderait à être meilleur, j'imagine.

MARIE-PIERRE, *pour elle-même, comme une réflexion*

Si c'était meilleur, peut-être qu'on le ferait plus souvent.

Long temps. On fume. Ils sont absorbés dans leurs pensées.

PIERRE-MARC

On était pas dans une période dangereuse, toujours?

MARIE-PIERRE
C'est maintenant que tu demandes?

PIERRE-MARC
On était corrects? Y avait pas de danger que tu...

MARIE-PIERRE
Non. Y avait pas de danger que je tombe enceinte.

PIERRE-MARC
OK.

Léger temps.

MARIE-PIERRE
Je suis déjà enceinte.

PIERRE-MARC
Quoi?

MARIE-PIERRE
Je suis enceinte.

PIERRE-MARC
Quoi? Tu m'en as pas parlé.

MARIE-PIERRE
Je t'en parle, là.

PIERRE-MARC
Ben là, Marie-Pierre!

MARIE-PIERRE
Quoi? Qu'est-ce qu'y a?

PIERRE-MARC

On peut pas le garder : tu le sais, on est supposé adopter une p'tite Chinoise!

MARIE-PIERRE

Je suis pas folle, là! Je sais/

PIERRE-MARC

On s'était dit qu'on se donnerait une chance de respirer, un peu! Tu le sais, en adoptant, au moins on est pas obligés d'endurer les crises de la première année! Tu nous vois, toi, recommencer les couches, les biberons, les nuits blanches!!!

MARIE-PIERRE

Ben non. Je sais/

PIERRE-MARC

Merde, on commence à reprendre notre souffle, là, on est pas obligés de se remettre dans le trouble, me semble!

MARIE-PIERRE

Je sais. J'ai pris rendez-vous. Je me fais avorter mardi.

Un temps. Pierre-Marc reçoit la nouvelle.

PIERRE-MARC

Ah. OK... OK, OK, OK, OK, OK. Tu... Tu vas te faire avorter.

MARIE-PIERRE

Je voulais juste que tu sois au courant.

PIERRE-MARC

OK... OK. Merci de... Merci de me l'avoir dit. *(Léger temps. S'efforçant d'être délicat.)* Quand exactement, mardi, tu vas te...

MARIE-PIERRE
Le matin.

PIERRE-MARC
Le matin?

MARIE-PIERRE
Oui. Le matin.

PIERRE-MARC, *un peu surpris*
Tu vas t'absenter du travail?

MARIE-PIERRE, *ironique*
Non. Ils vont venir faire ça au bureau. Pour que je puisse continuer à travailler, ils vont s'installer en dessous de ma table pis ils vont le faire avec l'aspirateur de l'équipe d'entretien. *(Redevenant sérieuse.)* Ben oui, je vais m'absenter. Qu'est-ce que tu penses?

PIERRE-MARC
T'en as parlé à ton boss?

MARIE-PIERRE
Je lui ai juste dit que je serais pas là mardi matin, c'est tout.

PIERRE-MARC
Comment il a réagi?

MARIE-PIERRE
Mal. Tu le sais c'est un con.

PIERRE-MARC
J'aime pas ça que tu dises que tu travailles pour un con! Ça peut pas te faire du bien de penser que tu travailles pour un con!

Chicane sur travail

MARIE-PIERRE

Il est con : il veut que je reste au bureau jusqu'à dix heures deux soirs, cette semaine!

PIERRE-MARC

Ben là! T'as pas dit non, j'espère?

MARIE-PIERRE

Franchement! Je manque une matinée : je vois pas pourquoi je devrais rester au travail *deux* soirées quand je manque *une* matinée!

PIERRE-MARC

Tu sais très bien qu'on est beaucoup moins productifs le soir que le matin!

MARIE-PIERRE

Tant qu'à ça dis donc que je devrais rester tous les soirs de la semaine!!

PIERRE-MARC

T'as quand même pas refusé, là?

MARIE-PIERRE

Je lui ai dit que je lui donnerais une soirée, c'est tout!

PIERRE-MARC

Marie-Pierre! Tu le sais que c'est pas le temps de contredire ton boss! Tu viens de finir ton congé de maternité! Je pense pas que c'est le temps de lui donner l'impression que la job t'intéresse pus! À moins que ça te dérange pas de te faire mettre dehors pis de passer tes journées à la maison à torcher le petit! C'est ça que tu veux?

MARIE-PIERRE

Ben non! Es-tu malade?

PIERRE-MARC

Tu le sais qu'ils ont l'intention de couper des postes, en plus!

MARIE-PIERRE

Je penserais pas qu'ils me coupent!

PIERRE-MARC

Si tu montres que la compagnie te tient à cœur, ils te couperont pas, non. *(Pause.)* T'as son numéro de cellulaire?

MARIE-PIERRE

Franchement, Pierre-Marc! On est dimanche.

PIERRE-MARC

Tu sais très bien que ça existe pas ça, dimanche. Tu devrais le rappeler. Pis lui dire que c'est correct pour les deux soirs. Ça serait stupide que tu perdes ta job pour une niaiserie comme ça. Non?

MARIE-PIERRE

Une niaiserie!? Je me fais avorter, Pierre-Marc! Tu trouves que c'est une niaiserie, toi, de se faire avorter?

PIERRE-MARC

S'cuse-moi. C'est pas ça que je voulais dire... Je voudrais juste pas qu'il fasse quelque chose de dramatique. Toi-même tu le dis que ton boss est con... Tu sais, on a besoin de nos deux salaires. On a un niveau de vie, là! On a un beau niveau de vie, je trouve. Je pense qu'on l'aime notre niveau de vie, non?

MARIE-PIERRE

Oui, oui. On l'aime.

manipulation

PIERRE-MARC

Pis, là, en plus, avec la petite Chinoise qu'on va adopter. Tu sais comme moi qu'elle est pas donnée, la petite Chinoise.

Il lui tend le téléphone. Elle prend le téléphone et compose le numéro.

PIERRE-MARC, *gentiment*

Pis tu lui diras pourquoi tu t'absentes, aussi. Il a tellement peur que tu retombes enceinte. Je suis certain que ça va lui faire plaisir de savoir que tu vas te faire avorter.

Noir.

Peur quelle perte son travail

niveau de vie

4

Anne-Marie et Marie-Pierre, debout, un peu trop éloignées l'une de l'autre. Marie-Pierre est intimidée par Anne-Marie qui, elle, semble se sentir plutôt à l'aise.

MARIE-PIERRE

On a pas d'alcool.

ANNE-MARIE

Qu'est-ce tu veux dire?

MARIE-PIERRE

On en a pas. On boit pas d'alcool. On boit pus d'alcool. On a un enfant.

ANNE-MARIE

T'as rien pantoute?

MARIE-PIERRE

On peut pas. On a un enfant, tu comprends?

ANNE-MARIE

Je sais pas trop, là. J'ai pas de flos.

MARIE-PIERRE

Pierre-Marc vous a pas dit d'amener votre alcool?

ANNE-MARIE

C'est Marc-Antoine qui doit être au courant, j'imagine.

MARIE-PIERRE

J'ai du jus de légumes. Du jus de mangue, aussi.

ANNE-MARIE

Chill. Relaxe, là, c'est pas grave.

MARIE-PIERRE

Veux-tu un verre d'eau?

ANNE-MARIE

Ça fait pas longtemps que je bois, anyway. Je veux dire que je me mets saoule. Avant je buvais un peu, mais ça fait peut-être deux-trois ans que je bois pour me mettre saoule.

Problème d'alcool

MARIE-PIERRE

Cou'donc. T'as quel âge, toi?

ANNE-MARIE

21.

MARIE-PIERRE choqué.

Quoi!?

ANNE-MARIE

21. Pourquoi?

MARIE-PIERRE

Non! T'as pas 21?

ANNE-MARIE
Oui, oui!

MARIE-PIERRE
C'est pas vrai? T'as 21 ans?!

ANNE-MARIE, *amusée*
Ben là! Tu veux-tu voir mes cartes?!

MARIE-PIERRE, *grave*
Ah shit.

ANNE-MARIE
Qu'est-ce qu'y a?

MARIE-PIERRE
Tu dois trouver que j'ai l'air d'une vieille folle, hein?

ANNE-MARIE
Quoi?

MARIE-PIERRE
Tu trouves pas que j'ai l'air d'une vieille folle? Tu trouves pas que je suis trop maquillée? Que je suis habillée comme une matante?

ANNE-MARIE
Ah. Y en a des pires que toi, je pense.

MARIE-PIERRE
Je veux dire, si tu me voyais dans la rue — si tu passais à côté de moi dans la rue — penses-tu que tu te dirais que je suis une matante?

ANNE-MARIE
Ben non! Voyons donc! Pourquoi je/ dirais ça?

MARIE-PIERRE

Tu te dirais rien?

ANNE-MARIE

T'sais, je me sacre pas mal des autres. Je pense pas que je me dirais quelque chose, là.

MARIE-PIERRE

Oui, mais pour toi je suis quoi?

ANNE-MARIE

Quoi?

MARIE-PIERRE

Tu me regardes, là. Je suis quoi pour toi?

ANNE-MARIE

Pour tout suite, t'es pas grand-chose. Je veux dire, on se connaît pas.

MARIE-PIERRE

Non mais regarde-moi là! Tu me vois comment? Quand tu me regardes, tu dois bien te dire quelque chose dans ta tête, non?

ANNE-MARIE

Euh... T'es euh... je sais pas... quelqu'un qui se maquille... pis qui a un kid, pis qui boit pus... Je sais pas quoi dire de plus, là.... T'es – je sais pas – la madame qui vit icitte?

MARIE-PIERRE, *pour elle-même*

«La madame!» Je le savais!!!

ANNE-MARIE

Quoi?

MARIE-PIERRE
T'as dit : «la madame!»

ANNE-MARIE
Ah oui? S'cuse-moi.

MARIE-PIERRE
Non, ça va. C'est correct. Je suis une madame. C'est ça que je suis. Qu'est-ce que tu veux. Faut que je l'assume. Je suis une madame.

ANNE-MARIE
Je sais pas quoi te dire, là. Je suis désolée.

Pierre-Marc et Marc-Antoine entrent. Marc-Antoine transporte une caisse de bouteilles de vin.

MARC-ANTOINE, *à Marie-Pierre*
Hello, hello! Je te dis que c'est chic, ta robe! Est-ce qu'on fête quelque chose?

PIERRE-MARC
On fête rien. Non, non. On fête rien, là.

MARIE-PIERRE
Tu nous avais pas dit que tu serais accompagné!

ANNE-MARIE
Je suis pas vraiment sa blonde. On baise ensemble.

MARC-ANTOINE
C'est mon amie-plus.

ANNE-MARIE

T'as amené de quoi à boire, Marco? Parce que moi j'irais acheter de la bière.

MARC-ANTOINE

Laisse faire la bière, mon chou. *(Il dépose sa boîte sur le piano et l'ouvre. Il en sort huit bouteilles de vin, tout en parlant.)* Ça va, vous autres?

PIERRE-MARC

Oui, oui. Ça va.

MARIE-PIERRE

On est heureux.

PIERRE-MARC

On est très heureux. On vient même de faire l'amour!

MARC-ANTOINE

Eh ben, c'est super, ça!

MARIE-PIERRE, *cynique*

Oui! C'est super!

PIERRE-MARC

Pis? Toi, ça va?

MARC-ANTOINE, *tout souriant*

Mets-en! Depuis que je suis séparé, la vie est extraordinaire avec moi!!! Je passe une semaine sur deux à jouer au papa avec ma fille, et pis l'autre semaine je pars sur la go. Je sors, je bois, je fais un peu d'extasy. Je sais pas si vous connaissez ça? C'est une drogue de jeune.

vantard un peu

PIERRE-MARC
On en a entendu parler. Ç'a l'air bien.

MARC-ANTOINE
Je baise assez souvent. J'ai Anne-Marie/

ANNE-MARIE
Son amie-plus.

MARC-ANTOINE
pis d'autres. Des occasionnelles.

ANNE-MARIE
Faites-vous-en pas pour moi. Moi aussi j'ai une couple d'«occasionnels».

MARC-ANTOINE
Je suis tellement bien, là! Je me suis rendu compte que je suis un bien meilleur père depuis que je couraille. C'est rendu tellement simple, là : l'amour, je le vis avec ma fille, pis le cul avec les filles que je ramasse. Je vous le dis : je me suis jamais senti aussi équilibré! *(Marc-Antoine choisit une bouteille.)* Bon bien. Je pense qu'on pourrait commencer par celui-là.

PIERRE-MARC
T'aurais pas dû amener tout ça.

MARC-ANTOINE, *à Pierre-Marc*
Comme je te dois un peu d'argent, je me suis dit que j'allais te rembourser en liquide!

PIERRE-MARC
C'est parce qu'on a arrêté.

MARC-ANTOINE
Arrêté?

ANNE-MARIE
Ils ont arrêté de boire.

MARC-ANTOINE
Ah oui? Pourquoi faire? Vous êtes sur les antibiotiques?

MARIE-PIERRE se laisse tenté
On peut peut-être prendre un petit verre pour vous accompagner. Qu'est-ce que t'en penses, Pierre-Marc?

PIERRE-MARC
Peut-être, oui. Mais on va prendre juste un verre, OK?

anne marie problème alcool

marc heureux détendu festif

Pas la même vie

marc et pierr, MP

5

Un peu plus tard. Une bouteille a été vidée, une deuxième est commencée.

MARIE-PIERRE

Écoute, Marc-Antoine... Faut qu'on se parle.

MARC-ANTOINE

Ben ça tombe bien : je suis là!

MARIE-PIERRE

Tu comprends pas. C'est parce qu'on a quelque chose à te dire. Hein, Pierre-Marc?

PIERRE-MARC

Tu veux que je lui dise maintenant, là?

MARIE-PIERRE

Ben. Oui. Non?

PIERRE-MARC

Tu veux que je lui dise maintenant?

MARIE-PIERRE

Oui!

MARC-ANTOINE, *à Pierre-Marc*
Qu'est-ce qu'y a?

ANNE-MARIE
Voulez-vous que je sorte?

PIERRE-MARC
Oui. Ça serait gentil, oui.

MARIE-PIERRE
Tu pourrais aller voir le petit.

ANNE-MARIE
Le petit?

MARIE-PIERRE
D'ailleurs, une fille normale qui entre dans une maison où y a un enfant, normalement ça demande à le voir.

ANNE-MARIE, *elle se lève*
Bon bien, je vais aller faire ma fille normale. C'est par où?

PIERRE-MARC
Par là. La porte avec une lune.

Elle sort. Léger temps. On se regarde, un peu figés, sans rien dire. Pierre-Marc cale son verre de vin.

MARC-ANTOINE
Ç'a ben l'air grave.

PIERRE-MARC
Marc-Antoine.

sérieux

MARC-ANTOINE
Qu'est-ce qu'y a?

PIERRE-MARC
Je sais pas si je t'ai conté la fois que mon père m'a dit : «On fait pas toujours ce qu'on veut dans la vie.»

MARC-ANTOINE
Je penserais pas, non.

PIERRE-MARC
J'étais en auto, avec mon père. On se parlait jamais en auto. On écoutait les lignes ouvertes.

MARIE-PIERRE, *à Pierre-Marc*
Qu'est-ce que tu racontes?

PIERRE-MARC
Laisse-moi continuer.

MARIE-PIERRE
T'es en train de tout compliquer, là. pressé

PIERRE-MARC ton aggressif
Tu voulais que je le dise. Laisse-moi faire!

MARIE-PIERRE, *à Marc-Antoine*
C'est plus simple que ça.

PIERRE-MARC, *impatient, à Marie-Pierre*
Je peux-tu finir mon histoire?

MARC-ANTOINE
Vous vous séparez? C'est ça?

LoL questionnement

n'ose pas y allez directemet

PIERRE-MARC, *bête*
Ben, non! On s'aime! On se séparera pas, là! On s'aime! *(Reprenant son histoire avec un ton un peu agressif.)* Ce que je voulais te dire, c'est qu'un jour, mon père s'est arrêté! Il a arrêté l'auto! Il a fermé la radio! Il s'est tourné vers moi, pis il m'a dit : «Mon gars, faut que tu saches une chose. On fait pas toujours ce qu'on veut dans la vie.» Comme ça! Il m'a lancé ça comme ça!

MARC-ANTOINE
Ah. OK.

PIERRE-MARC
Sur le coup, j'ai pas compris. Mais depuis que j'ai le petit, j'ai réalisé qu'il avait peut-être raison. Comprends-tu? Quand il fait des crises, je capote, je veux disparaître, je sais pas quoi faire, j'ai envie de le lancer contre le mur... Je peux pas le lancer contre le mur. C'est mon enfant. Je suis supposé l'aimer. Même quand il braille! Il pleure, faut que je le console. Comprends-tu? J'aimerais mieux faire autre chose, je sais pas, lire le journal, regarder la télé, prendre un verre avec toi, mais je suis pogné...

sans attendre qu'il est malheureux 84

MARIE-PIERRE, *à Pierre-Marc*
Je sais pas où tu t'en vas avec ton histoire!

PIERRE-MARC, *à Marie-Pierre*
Laisse-moi finir! *(À Marc-Antoine.)* Ce que j'essaye de te dire/ c'est que...

MARC-ANTOINE
T'es pas obligé de m'expliquer, je comprends parfaitement.

PIERRE-MARC, *à Marie-Pierre*
Bon. Tu vois, il comprend!

annonce séparation ami

MARIE-PIERRE
Qu'est-ce que tu comprends?! doute qu'il comprend

MARC-ANTOINE
Ben. Que vous vous sentez un peu mal, par rapport à...

MARIE-PIERRE ton fort elle craque
On se sent pas mal! C'est juste qu'on veut pus te voir! C'est ça qu'il faut que tu comprennes : on veut pus te voir! On veut pus!

MARC-ANTOINE
Écoute : je suis d'accord. Je suis entièrement d'accord. Vous pouvez pas savoir comment je suis d'accord!

PIERRE-MARC, *surpris*
T'es d'accord? T'acceptes ça sans rien dire?

MARC-ANTOINE
Ça va être mieux de même.

PIERRE-MARC
Je sais pas, peut-être que/

MARC-ANTOINE
Je pense que c'est la meilleure chose à faire!

PIERRE-MARC
Peut-être qu'on y va un peu fort, non?

MARC-ANTOINE
Non, non. Sincèrement, là, je vois pas comment on pourrait continuer à être des amis!

surpris de la réaction

se sent quasiment mal

MARIE-PIERRE, *à Pierre-Marc*

Tu vois bien que c'était pas si compliqué.

MARC-ANTOINE

Ça va être mieux comme ça. C'est sûr que c'est plate, mais ça va être mieux comme ça. *(Léger temps. On ne sait plus quoi se dire.)* Bon bien, je vais aller chercher Anne-Marie pis on va y aller.

PIERRE-MARC

Tu veux pas rester pour souper?

MARC-ANTOINE

Quoi?

PIERRE-MARC

On t'a invité à souper. Tu veux pas rester?

MARC-ANTOINE

Ah... T'es sérieux? Tu veux... Vous voulez qu'on mange ensemble?

PIERRE-MARC

Oui. Si tu veux, bien sûr. Nous on veut, en tout cas. Hein, Marie?

MARIE-PIERRE

Oui, oui. On veut. C'est ça qu'on avait prévu faire, là.

PIERRE-MARC

On est pas des sauvages, quand même. On s'était dit qu'on se ferait un petit souper d'adieu. En souvenir des bons moments qu'on a eus ensemble. Parce que y en a eu des bons moments, non?

MARC-ANTOINE

Ah. Oui, oui. Y en a eu.

cadeau adieu souvenir

MARIE-PIERRE

J'ai fait un bon roast-beef. Mais si ça te met trop mal à l'aise de rester avec nous, on va comprendre.

MARC-ANTOINE, *touché*

C'est pas vrai? T'as fait un roast-beef?

MARIE-PIERRE

Pierre-Marc trouvait que c'était une bonne idée que je fasse mon roast-beef.

Pierre-Marc, rempli d'une belle émotion, sort un paquet qu'il offre à Marc-Antoine.

PIERRE-MARC

Pis on a aussi pensé t'offrir quelque chose.

MARC-ANTOINE

Un cadeau? Franchement, vous auriez pas dû.

PIERRE-MARC

Ouvre-le.

Marc-Antoine ouvre le paquet. C'est un très grand laminé (trop grand?) d'une photo de Marie-Pierre, Pierre-Marc, Marc-Antoine et Roxanne, assis ensemble à une table de restaurant. On le sent très ému.

MARIE-PIERRE

C'est avec Roxanne. Je sais pas si tu t'en souviens. On avait eu beaucoup de plaisir, cette fois-là.

MARC-ANTOINE

Vous auriez pas dû... Je m'excuse encore. Je m'excuse. Je sais pas quoi dire. Je m'excuse.

PIERRE-MARC

Je vois pas pourquoi tu t'excuses. C'est nous autres qui devraient s'excuser dans le fond.

MARC-ANTOINE

Pas du tout.

PIERRE-MARC

C'est un peu chien, ce qu'on te fait, non?

MARIE-PIERRE

Exagère pas, quand même!

MARC-ANTOINE

Non, non. Vous avez entièrement raison. Je ferais la même chose à votre place.

Le bébé se met à pleurer.

MARC-ANTOINE, *choqué*

Ah non, c'est pas vrai! Qu'est-ce qu'elle a fait l'ostie de conne?

PIERRE-MARC

C'est pas grave on va/

MARC-ANTOINE

Tabarnak!

PIERRE-MARC

Tu le sais que ça lui prend pas grand-chose pour le partir.

MARC-ANTOINE
L'ostie de conne! Je peux pas croire, câlice!

MARIE-PIERRE
Voyons, Marc-Antoine...

Anne-Marie revient dans la salle à manger.

* 113

MARC-ANTOINE, *hystérique, il crie à Anne-Marie*
Qu'est-ce que t'as fait? Qu'est-ce que t'as fait? Qu'est-ce que t'as fait, hein? C'est pas une catin, ça, là, c'est un bébé, crisse!

ANNE MARIE
Je sais.

MARC-ANTOINE
Tu sais pas que c'est fragile, un bébé, ciboire?! Si tu sais pas comment t'en occuper, tu y touches pas, tabarnak! C'est pas compliqué, me semble!

ANNE-MARIE
S'cusez-moi...

MARC-ANTOINE
QU'EST-CE QUE T'AS FAIT, HEIN?!

défend le bébé du couple de façon exagéré

ANNE-MARIE
Je sais pas. Je pense que je l'ai réveillé?

6

Quinze minutes plus tard. Marie-Pierre est partie consoler le petit. Les trois autres sont restés au salon. On entend, provenant du moniteur, les pleurs du bébé.

PIERRE-MARC, *regarde sa montre*

Je comprends pas trop ce qui se passe... Normalement après une quinzaine de minutes, il commence à se calmer d'habitude.

ANNE-MARIE

Je m'excuse encore.

PIERRE-MARC

C'est pas grave. *(Pause.)* Je vais, euh... Si ça vous dérange pas trop, je vais aller voir ce qui se passe, OK?

MARC-ANTOINE

Gêne-toi pas pour nous. Tu fais ce qui te tente, hein?

Pierre-Marc sort. Léger temps. Marc-Antoine trouve qu'Anne-Marie est trop loin.

MARC-ANTOINE

Viens-tu me voir.

ANNE-MARIE
Y en est pas question.

MARC-ANTOINE
T'es choquée?

ANNE-MARIE
T'avais pas d'affaire à m'engueuler.

MARC-ANTOINE veut se faire pardonner
Je t'avais dit de te tenir loin du petit.

ANNE-MARIE
Crisse, c'est eux qui m'ont demandé.

MARC-ANTOINE
T'étais pas obligée d'y aller.

ANNE-MARIE
Ils m'ont demandé!

MARC-ANTOINE
T'aurais pu faire semblant. T'aurais pu rester dans le corridor pis faire semblant d'y aller.

ANNE-MARIE
Franchement/

MARC-ANTOINE
Il est dangereux cet enfant-là! T'as pas vu ses yeux?

ANNE-MARIE
Ben non. Il dormait.

MARC-ANTOINE
Quand il s'est réveillé. Quand il s'est mis à pleurer. T'as pas vu ses yeux?

ANNE-MARIE
Qu'est-ce qu'ils ont ses yeux?

MARC-ANTOINE
T'as pas remarqué?

ANNE-MARIE
J'ai vu sa face devenir rouge, mais ses yeux/

MARC-ANTOINE
Je les aime pas. Il est pas normal, cet enfant-là!

ANNE-MARIE
Tu penses qu'il est mongol?

MARC-ANTOINE
Il me fait penser à Damien.

ANNE-MARIE
À Damien?

MARC-ANTOINE
T'as pas vu ce film-là? Le diable qui se réincarne dans la peau d'un bébé?

ANNE-MARIE
Je dois être trop jeune.

MARC-ANTOINE
Je te le dis, y a quelque chose d'inquiétant dans les yeux cet enfant-là!

Peur du bébé. Le trouve pas normal

Dans le moniteur, on entend Pierre-Marc et Marie-Pierre...

PIERRE-MARC
Passe-moi-le.

MARIE-PIERRE
Lâche-le! Je suis le bord de l'avoir, là!

PIERRE-MARC
Je pense que t'es tendue, là. Passe-moi-le! Tu fais juste lui communiquer ton stress...

MARIE-PIERRE
JE SUIS PAS STRESSÉE. OK?!

Marc-Antoine rit.

ANNE-MARIE
Pourquoi tu ris?

MARC-ANTOINE
Ils sont plates rare, hein? *(Tout sourire.)* Imagine-toi donc que je les reverrai pus.

ANNE-MARIE
Qu'est-ce tu veux dire?

MARC-ANTOINE
Ils veulent pus me voir.

ANNE-MARIE
Ç'a l'air de te faire de la peine.

MARC-ANTOINE
Je suis assez content, là!

ANNE-MARIE
C'est fin, bravo.

MARC-ANTOINE
Non mais ils sont lourds. Tu trouves pas qu'ils sont lourds?

ANNE-MARIE
C'est sûr que jusqu'à maintenant on se dirige pas vers une soirée très hot.

Autre intervention de Pierre-Marc et Marie-Pierre, dans le moniteur.

PIERRE-MARC
On devrait l'amener dans notre chambre. T'sais, ça le rassure quand on le couche dans notre lit.

MARIE-PIERRE, *sceptique et cynique*
Ben oui! On va le coucher sur notre lit pis il va arrêter de brailler!

PIERRE-MARC
Fuck! Je propose quelque chose, là! On est pas pour rester là, comme des tartes, à attendre que ça passe!

MARIE-PIERRE
OK, OK, OK! On va essayer ta «supersolution»!!!!

PIERRE-MARC
Tu le sais que ça marche! Ç'a déjà marché!!!

tension dans le couple

MARIE-PIERRE, *sa voix s'est éloignée*
Ben là, amène le moniteur, niaiseux!

Dans la chambre, Pierre-Marc s'approche du moniteur en marmonnant quelques injures contre sa femme... Il le débranche. Silence. Plus un son ne provient du moniteur placé dans la salle de séjour.

MARC-ANTOINE, *le sourire aux lèvres*
Ah! Ça fait du bien, un peu de silence.

Léger temps.

MARC-ANTOINE
Ça te tente pas qu'on se frotte?

ANNE-MARIE
Ah oui! Mets-en!! Frotte-toi tout seul, franchement!

MARC-ANTOINE
Je suis de bonne humeur, là. J'ai le goût de me frotter sur toi.

ANNE-MARIE
T'es con.

MARC-ANTOINE
J'ai le goût de te baiser toute habillée.

ANNE-MARIE
T'es con. Ils vont revenir.

MARC-ANTOINE
On s'aime. On a le droit de se frotter un peu, non?

ANNE-MARIE
Ça me tente pas.

MARC-ANTOINE
C'est pas ça qui t'excite d'habitude? Quand on peut être surpris.

ANNE-MARIE
J'ai pas envie d'être excitée. Je suis choquée après toi.

MARC-ANTOINE
Voyons donc!

ANNE-MARIE
Tu m'as traitée comme de la marde! Tu le sais que j'haïs ça quand tu te comportes comme si j'étais ta blonde!

MARC-ANTOINE
Niaise pas, là. Viens te coller, un peu. C'est une belle façon de faire la paix, non?

ANNE-MARIE
J'ai pas envie de faire la paix. Décolle!

Léger temps. Le moniteur, qui vient d'être rebranché par Pierre-Marc, nous transmet ce qui se passe dans la chambre des maîtres...

PIERRE-MARC, *dans le moniteur*
Je suis peut-être niaiseux, mais j'avais raison : il s'est calmé!

Anne faché contre marc qui cherche son amour

MARIE-PIERRE

Va chier!

PIERRE-MARC

C'est ça : crie! Tu veux que ça recommence?

MARIE-PIERRE

J'ai pas crié, franchement!

PIERRE-MARC

T'aimes ça quand il braille? Vas-y : crie! T'en trouveras toi, des «supertrucs» pour le consoler!

d'autre tension

on sent une accumulation

7

Un peu plus tard. Marc-Antoine et Pierre-Marc se retrouvent seuls. Ils ont chacun un verre de vin.

MARC-ANTOINE
Vous buvez pus pantoute?

PIERRE-MARC
Non. C'est fini.

MARC-ANTOINE
Pourquoi faire?

Pierre-Marc prend une gorgée de vin.

PIERRE-MARC
Tu sais ce que c'est. On a un bébé.

MARC-ANTOINE
Ouin, pis?

PIERRE-MARC
Ça change ben des choses, un bébé.

MARC-ANTOINE
Ben là. T'arrêtes pas de boire parce que t'as un bébé, franchement!

PIERRE-MARC

On dort moins. On a moins d'endurance.

MARC-ANTOINE

Tu pognes ton feeling plus vite, c'est tout!

Léger temps.

PIERRE-MARC

Marie-Pierre avait besoin d'arrêter.

MARC-ANTOINE

Besoin d'arrêter?

PIERRE-MARC

Elle a commencé à faire des choses euh... des choses un peu gênantes.

MARC-ANTOINE

Qu'est-ce que tu veux dire?

PIERRE-MARC

Ben... La dernière fois, on était au restaurant, on avait pris deux bières en apéritif, pis un peu de vin avec l'entrée... Pis c'est ça, rendu au plat principal — ben, elle avait commandé du veau, mais elle avait hésité entre ça pis un steak tartare — pis c'est ça, quand elle a goûté à son veau, elle s'est rendu compte qu'elle aurait aimé mieux manger le tartare... Ça l'a choquée. Elle s'est levée. Elle a lancé son assiette par terre.

MARC-ANTOINE, *qui pense que c'est une blague*

T'es pas sérieux!

PIERRE-MARC, *grave*

C'est pour ça qu'on a décidé qu'on était mieux d'arrêter.

MARC-ANTOINE, *réalisant que ce n'est pas une blague*

Ah... OK. T'es sérieux.

Anne-Marie entre avec une pile d'assiettes dans les bras. Sur la pile, il y a quelques ustensiles. Les deux hommes la regardent silencieusement et lui sourient. Elle sort par la porte qui mène à la salle à manger.

PIERRE-MARC, *un peu tristement*

En tout cas. Toi t'as l'air en super forme.

MARC-ANTOINE

Oui, oui. Je peux dire que moi ça va bien.

B un qui va mieux que l'autre

PIERRE-MARC

Je suis ben ben content pour toi!

MARC-ANTOINE

Non, c'est assez extraordinaire ce qui m'arrive. T'sais, à vingt ans dans le fond on a le goût de cruiser les filles, on a le goût de les baiser, on pense rien qu'à ça, mais maudit qu'on a pas le tour! Mais là, j'ai l'expérience, t'sais. Je suis pas trop vieux, mes réflexes sont encore bons... Mais surtout, c'est ça : j'ai l'expérience! Je sais quoi dire aux filles. Je sais comment les faire triper. T'sais à vingt ans, les rares fois que je pognais une fille, je la baisais tout croche. J'avais pas de technique. C'était trop garroché, mon affaire! Je veux dire, je savourais pas le moment. J'étais juste dans l'excitation d'avoir trouvé une fille qui voulait coucher avec moi! Mais maintenant, je peux te dire que je le vis en maudit le moment présent! Je suis focussé, là! Pis c'est extraordinaire!

vie de célibat, expérience

PIERRE-MARC

Ben. C'est super.

MARC-ANTOINE, *ému*

T'sais, le divorce a été ben dur à vivre, j'ai vraiment touché le fond, mais là, mon gars, je me sens revivre!

Léger temps.

PIERRE-MARC

En tout cas... Je voulais te dire... Si jamais t'as le goût qu'on se revoie...

regret

jaloux du mode de vie, l'envie

MARC-ANTOINE

Qu'on se revoie?

PIERRE-MARC

Juste si ça te tente, là. Tu peux me lâcher un coup de fil au bureau.

MARC-ANTOINE

Ben là... Je pensais que c'était fini.

PIERRE-MARC

Oui, oui. C'est fini. Je veux dire : je pense que c'est assez clair qu'en tant que couple, on veut pus te voir.

MARC-ANTOINE

Ouin. C'est clair.

PIERRE-MARC

Mais, je me dis que quand je sors tout seul... Moi tout seul, comme gars, je veux dire tant qu'à sortir tout seul pis de me retrouver à jaser avec un étranger, j'aime aussi bien le faire avec toi.

MARC-ANTOINE

OK.

PIERRE-MARC

C'est ça. Si ça te tente... Appelle-moi au bureau.

MARC-ANTOINE

Ben... Justement... On pensait partir à la chasse, moi pis quelques chums. C'est-tu quelque chose qui peut te tenter?

PIERRE-MARC

Hey! Certain! Je m'ennuie assez de ça : danser pis en profiter pour frôler les fesses pis les seins des belles filles... Ça me manque assez, là!

MARC-ANTOINE

Non, non! Pas partir à la chasse aux filles, là. Je veux dire : la chasse, dans le bois, avec un fusil, un campement, de la bière...

PIERRE-MARC

Ah. OK...

MARC-ANTOINE, *un peu trop intense*

Ça te ferait du bien, je pense. Tu peux pas savoir le feeling que ça te donne d'enligner une bête avec ton fusil pis de tirer... Je te le dis : ça m'a reconnecté avec les vraies affaires... T'sais : c'est quoi être un homme — un moment donné, on le sait pus c'est quoi être un homme, crisse — ben, quand tu te penches pour toucher le corps encore chaud d'un orignal que tu viens de descendre, laisse-moi te dire que tu t'en poses pus de question : tu le sais c'est quoi être un homme...

PIERRE-MARC

Ah. Je sais pas.

Marie-Pierre entre dans la pièce, transportant son plat.

MARIE-PIERRE

C'est prêt!

MARC-ANTOINE

Bon! Il est où ce beau morceau de viande-là, qu'on lui fasse la job?

Ils sortent et se dirigent vers la salle à manger. Marc-Antoine reste seul dans la pièce, et choisit une bouteille de vin. Dans le moniteur, le petit respire fortement. Peut-être se dirige-t-il lentement mais sûrement vers une autre crise? Marc-Antoine regarde le moniteur, hésite un moment, puis décide de l'éteindre.

8

Ils sont revenus prendre place au salon. Pierre-Marc vient de rouvrir le moniteur. On entend le petit qui fait une nouvelle crise.

PIERRE-MARC *fermement, à Marc-Antoine*
C'est toi qui a fermé le moniteur?

MARC-ANTOINE
Je pense pas que c'est à cause de ça qu'il s'est mis à brailler.

PIERRE-MARC
Est-ce qu'on t'a demandé de fermer le moniteur?

MARC-ANTOINE
On a pas vraiment besoin d'un moniteur pour savoir qu'il braille! Il a une bonne voix. Je veux dire : ça se rend, même sans moniteur. Non?

PIERRE-MARC
Faut le pogner au début de sa crise. C'est à ça qu'il sert, le moniteur!

MARC-ANTOINE
S'cuse-moi, je...

PIERRE-MARC, *bête*

No-non. S'cuse-toi pas, tu savais pas! On aurait dû le dire. C'est de notre faute. *(Expliquant ce qu'il aurait dû expliquer plus tôt.)* Ça va beaucoup mieux depuis qu'on utilise le moniteur. Quand on va le voir assez vite, on arrive à le calmer. Sans problème. C'est pour ça qu'on utilise le moniteur.

Marie-Pierre amorce un mouvement pour se rendre à la chambre du petit.

MARIE-PIERRE

Bon! Je vais y aller, là : je suis pus capable!

PIERRE-MARC

Marie! Reste ici! On essaye de passer une soirée agréable, là! T'es pas pour passer ton temps avec le petit dans les bras!

MARIE-PIERRE

C'est superagréable, d'abord!

PIERRE-MARC

Ça sert à rien d'y aller : il est parti! Tu le sais : quand il est parti, il est parti!

MARC-ANTOINE, *pas très convaincant*

Peut-être que moi je pourrais y aller?

PIERRE-MARC

Non. Il a personne qui va y aller. Il est parti. On a pas le choix. Faut qu'il se rende au bout de sa crise, c'est tout! *(Pause. L'enfant pleure toujours.)* C'est pas la fin du monde. Tout le monde a déjà entendu ça, un bébé qui braille, non?

Autre temps.

ANNE-MARIE
Je sais pas mais... Peut-être qu'on peut rééteindre le moniteur, astheure qu'on sait «qu'il est parti»?

PIERRE-MARC, *fermement*
Le moniteur va rester ouvert, OK? *(Pause.)* On avait décidé qu'on se servirait du moniteur, ce soir. Ben le moniteur va rester ouvert. *(Pause. Devant l'incompréhension générale, il poursuit...)* Ça se peut qu'il se blesse. Si il se blesse, on va l'entendre. Je voudrais pas qu'il lui arrive quelque chose pis qu'on s'en rende pas compte.

MARIE-PIERRE
En tout cas. Y a pas de danger que t'ailles le voir, hein?

PIERRE-MARC
Bon! Tu veux que j'aille voir le petit? C'est ça?

MARC-ANTOINE
Je pense que Pierre-Marc a raison, il va finir par se calmer... Non?

ANNE-MARIE
Peut-être qu'il a envie d'être avec nous? Peut-être qu'il sent qu'on a du fun pis qu'il veut être avec nous!

MARIE-PIERRE
On a pas de fun! Je vois pas pourquoi il aurait envie d'être avec nous! On a pas de fun!!! sur les nerf

Elle lance son verre par terre. Il se brise. Temps.

MARIE-PIERRE
S'cusez-moi, je... Je voulais pas être désagréable, là. Je suis juste un peu à boutte. Je m'excuse.

dispute à la table
bébé braille MP pète les plombs

Elle sort, direction cuisine. Autre temps. Le bébé continue sa crise. Marie-Pierre revient avec un porte-poussière pour ramasser son dégât.

ANNE-MARIE

En tout cas, c'était délicieux.

MARC-ANTOINE

Oui, il était très réussi, ton roast-beef.

MARIE-PIERRE

Il était trop sec. désagréable

PIERRE-MARC

Non, non. Il était parfait, ton roast-beef.

MARIE-PIERRE

Bon ben tant mieux. Si il était parfait le roast-beef, tout est parfait...

se fie sur l'avis des autres

Temps. Marie-Pierre ramasse son dégât.

PIERRE-MARC

Bon ben... Je pense que je vais fermer le moniteur, finalement.

Il ferme le moniteur. On entend encore les pleurs du bébé qui proviennent de la chambre, mais c'est beaucoup moins agressant.

ANNE-MARIE, *à Marie-Pierre*

Qu'est-ce que tu mets dans ta viande pour qu'elle goûte comme ça? C'est goûteux. C'était goûteux pas mal.

MARC-ANTOINE

C'est de l'ail, mon bébé.

Parle du souper

ANNE-MARIE

Ah, c'est ça! De l'ail. C'est une bonne idée. C'est très bon.

Autre temps. C'est si long et inconfortable que Pierre-Marc se sent obligé de relancer la discussion...

PIERRE-MARC

Ah. J'y pense. On t'a pas dit ça, Marc-Antoine. On a décidé d'adopter.

MARC-ANTOINE

Ah oui? *(Léger temps.)* Tu veux dire : adopter un bébé?

PIERRE-MARC

Oui. On a entrepris les démarches.

MARC-ANTOINE

OK. Ben, c'est super.

PIERRE-MARC

Ils sont en train d'étudier notre demande. Mais ça devrait marcher.

MARC-ANTOINE

Ben oui. Vous avez de l'argent. Vous avez une belle maison. Vous avez des bonnes jobs. Je vois pas pourquoi ils vous refuseraient.

Léger temps. Le bébé pleure toujours.

ANNE-MARIE

Pourquoi vous faites ça?

PIERRE-MARC

Quoi?

ANNE-MARIE

Pourquoi vous adoptez?

PIERRE-MARC

Ben. Ça nous tente.

ANNE-MARIE

C'est pas parce que vous êtes obligés, là? *(À Marie-Pierre.)* Je veux dire, tu peux tomber enceinte?

MARIE-PIERRE

Oh oui, je peux tomber enceinte. Inquiète-toi pas pour moi, y a pas de danger, je peux tomber enceinte. N'importe quand.

ANNE-MARIE

OK. Ça, ça veut dire que votre bébé/

MARIE-PIERRE

Celui qui pleure depuis tantôt?

ANNE-MARIE

Vous l'avez pas adopté, c'est ça?

PIERRE-MARC

Non, non. Il est à nous autres.

MARIE-PIERRE

On l'a fait nous-mêmes.

ANNE-MARIE

Pis ça vous tente pas de le faire vous-même, votre deuxième enfant?

PIERRE-MARC

Ah, c'est sûr qu'on pourrait...

MARIE-PIERRE

Mais ça nous tente pas, non.

↳ Pierre

Temps.

PIERRE-MARC

Vois-tu, on a toujours rêvé de faire du bénévolat. On aurait envie d'en faire, mais malheureusement on a pas le temps. Ça fait qu'on s'est dit : si on est pas capables d'aller faire du bénévolat, eh bien amenons le bénévolat à la maison... s'invente une raison

ANNE-MARIE

Vous devriez quand même en faire un autre.

MARIE-PIERRE

Deux enfants, ça va être assez.

MARC-ANTOINE

Surtout que vous savez pas dans quel état il va être.

PIERRE-MARC

Qu'est-ce tu veux dire? inquiétude

MARC-ANTOINE

Y a toutes sortes d'histoires d'horreur. Y en a qui sont en retard sur le développement mental pis physique parce qu'ils ont été mal nourris. Y en a qui sont carrément mongols.

PIERRE-MARC

Oui, oui. C'est sûr qu'y a un léger risque... Mais si on le fait nous-mêmes, y a pas plus de garantie, hein? Y a rien qui nous empêche d'en faire un, mongol.

Parle adoption risque

MARC-ANTOINE

Oui, mais tu peux faire des tests pour vérifier l'état de santé du fœtus.

PIERRE-MARC

Pis le faire avorter si il est pas normal? Je pense pas qu'on serait capables de faire ça. déni statu social bonne conscience

MARIE-PIERRE, *cynique*

Ah non? Tu penses pas?

PIERRE-MARC

Ben... Si c'était un enfant qu'on désirait... Je veux dire, si on avait fait l'amour avec l'intention de faire un bébé, je pense que ça serait difficile de le... De pas aller au bout, non?

MARC-ANTOINE

En tout cas, moi je me dis que si t'as un enfant mongol, c'est plus facile de l'aimer si il est vraiment à toi.

MARIE-PIERRE

Ah. Vois-tu, je suis pas sûre de ça, moi.

Léger temps. On dirait que le bébé commence à se calmer.

ANNE-MARIE

Faut pas que ça vous décourage.

MARIE-PIERRE

Quoi?

ANNE-MARIE

D'avoir un bébé braillard. Il paraît que quand ton premier est braillard, le deuxième est supposé être un ange.

MARC-ANTOINE
Qu'est-ce que tu connais dans les bébés, toi?

ANNE-MARIE
C'est ma mère qui dit ça. Moi, mon frère était très très très braillard. Pis après, ils m'ont eue, moi. Pis moi je braillais pas. En tout cas, ma mère m'a toujours dit qu'elle remerciait le ciel d'avoir décidé de faire un deuxième enfant.

MARC-ANTOINE
T'es supposée être un ange, toi?

ANNE MARIE
Oui. Tu trouves pas?

MARC-ANTOINE
Je te trouve pas mal déniaisée pour un ange.

ANNE-MARIE
C'est pour ça que tu m'aimes, Marco. Parce que je suis un ange pis ça te donne l'impression que c'est toi qui me déniaises...

MARC-ANTOINE, *à Pierre-Marc et Marie-Pierre, fièrement*
Elle est quand même brillante pour son âge, vous trouvez pas?

PIERRE-MARC, *qui trouve ça amusant*
Oui, oui! Pas mal brillante! Pas mal brillante!

9

Après le dessert. Pierre-Marc et Anne-Marie ramassent les assiettes sales et sortent vers la cuisine. Le calme est bel et bien revenu : le bébé ne pleure plus.

MARIE-PIERRE
As-tu des nouvelles de Roxanne?

MARC-ANTOINE
On se voit quand je vais chercher ou reporter la petite.

MARIE-PIERRE
Elle va bien?

MARC-ANTOINE
Je pourrais pas dire. Quand on se voit, elle a l'air bête. Mais peut-être que le reste du temps, elle va bien. Qu'elle me fait son air bête juste pour me faire chier, t'sais?

MARIE-PIERRE
C'est un peu ridicule ce qui s'est passé, non?

MARC-ANTOINE
Ce qui s'est passé?

MARIE-PIERRE confrontante

Elle prend la peine de se faire refaire le nez. Pour te faire plaisir. Pis deux mois après, tu la sacres là!

MARC-ANTOINE

C'est pour elle-même qu'elle a fait ça. Pas pour moi.

MARIE-PIERRE

Ça coûte une fortune faire ça. C'est pas pour rien qu'elle a perdu la carte, la pauvre.

MARC-ANTOINE

Bon! Je suis content de savoir que toi aussi tu trouves que c'est une crisse de folle.

MARIE-PIERRE

Oui... Mais tu deviens pas fou comme ça, pour rien, du jour au lendemain.

MARC-ANTOINE

C'est sûr que ça s'est fait graduellement. Je pense pas que j'aurais été avec elle si elle avait été folle dès le début.

MARIE-PIERRE

Y a sûrement une raison.

MARC-ANTOINE

C'est peut-être génétique. Sa mère aussi c'est une crisse de folle.

Pierre-Marc apparaît dans le cadre de porte.

PIERRE-MARC

On a fini la vaisselle. Je vais descendre au sous-sol avec Anne-Marie. Je vais lui montrer notre cinéma-maison, OK?

Parle relation avec Roxane

MARC-ANTOINE
T'as un cinéma-maison, mon écœurant!

PIERRE-MARC
Faut ben : on a pus le temps d'aller au cinéma!

MARIE-PIERRE
On a pas plus le temps de s'en servir!

PIERRE-MARC
Si tu veux venir le voir, tu peux descendre avec nous.

MARC-ANTOINE
Allez-y. Je vais vous rejoindre.

Pierre-Marc disparaît. Léger temps.

MARC-ANTOINE
Reprendrais-tu un peu de vin?

MARIE-PIERRE
Ah. Je dirais pas non.

MARC-ANTOINE
Ben. Dis oui, d'abord.

MARIE-PIERRE, *qui trouve ce jeu un peu ridicule*
Oui!

Il lui verse un grand verre de vin. Ils boivent une gorgée.

MARIE-PIERRE
Roxanne m'a parlé des perruques.

histoire perruque

MARC-ANTOINE

Des perruques?

MARIE-PIERRE

Les perruques qu'elle mettait, avant la fin, quand vous faisiez l'amour. Pour que tu puisses avoir l'impression de baiser une autre fille.

MARC-ANTOINE

Ah OK. Elle t'a parlé des perruques.

MARIE-PIERRE

J'ai même failli essayer. Problème sex Pierre

MARC-ANTOINE

Ah oui?

MARIE-PIERRE

Je suis pas complètement folle, t'sais. Je le sais que Pierre-Marc a le goût d'aller voir ailleurs. De toute façon, tout le monde a le goût d'aller voir ailleurs. On est juste des humains, hein?

MARC-ANTOINE

Ah oui? Dis-moi pas que même toi t'es comme ça!

MARIE-PIERRE

Ben oui. Moi aussi, des fois, ça m'arrive de... de penser à ça. À une bonne baise avec quelqu'un que je connais pas. À une baise, je sais pas... violente? À quelque chose de plus animal, peut-être. Des fois je pense à ça. Je veux dire, on peut pas empêcher nos têtes de fantasmer, hein? Surtout qu'y a du cul partout, maintenant. C'est tellement absurde. L'autre fois, j'ai vu une annonce de shampoing antipelliculaire pis ç'a m'a donné le goût de baiser. Peux-tu croire?

MP Fantasme sur avoir d'autre partenaire

confidence

MARC-ANTOINE

Oui, oui! Je pense que je l'ai vue.

Léger temps. Marie-Pierre termine son verre.

MARIE-PIERRE

Redonne-moi donc un peu de vin pendant que Pierre-Marc est pas en train de me surveiller.

MARC-ANTOINE, *comme s'il n'était pas au courant*

Pierre-Marc veut t'empêcher de boire?

MARIE-PIERRE

Depuis qu'on a un enfant, il ressemble de plus en plus à son père. Il devient straight, straight, straight. Le pire c'est que son père, lui, est en train de devenir de plus en plus lousse.

Elle prend une gorgée.

MARIE-PIERRE

Euh... De quoi je parlais donc?

MARC-ANTOINE

Tu parlais d'avoir une bonne baise.

Pause.

MARIE-PIERRE

Des perruques. Je voulais parler des perruques de Roxanne.

MARC-ANTOINE

Ouin? Qu'est-ce que tu veux savoir?

MARIE-PIERRE

C'est niaiseux, hein, mais j'ai failli essayer ça. Mettre des perruques. Pour mettre un peu de piquant. Mais vu que ç'a pas marché/

MARC-ANTOINE

Ah, ça marchait! Surtout quand elle mettait la blonde! Ça m'excitait au boutte quand elle mettait la blonde!

MARIE-PIERRE

Non, non. Ç'a pas marché. Vous êtes pus ensemble! C'est pas un bon truc pour relancer un couple : vous êtes séparés!

MARC-ANTOINE

Peut-être... Mais pour avoir du bon cul, c'est un maudit bon truc.

MARIE-PIERRE

Oui. Toi t'as du bon cul. Avec ta p'tite ado. Mais je pense pas que Roxanne a du bon cul en ce moment!

MARC-ANTOINE

Je suis sûr que toi aussi tu pourrais avoir du bon cul. Je suis certain que cette robe-là peut inspirer du bon cul. *(Léger temps.)* T'es vraiment toute en beauté, ce soir.

MARIE-PIERRE

Ta petite ado est pas mal non plus.

MARC-ANTOINE

Elle a pas de mérite. Elle est jeune. Je sais pas si à ton âge elle va être aussi belle que toi.

MARIE-PIERRE

Tu vas être sur le bord d'avoir soixante ans. T'auras pas le choix de la trouver belle.

10

La soirée de Pierre-Marc, Marie-Pierre, Anne-Marie et Marc-Antoine se poursuit. Ils ont bien mangé et bien bu. Ils sont un peu saouls, mais pour l'instant ils ont le vin joyeux...

PIERRE-MARC

Y a des gens qui sont pauvres, même si ils ont de l'argent. Ça arrive de plus en plus.

ANNE-MARIE

Oui. Ça doit. Je sais pas.

MARIE-PIERRE

J'aime ça tes cheveux. Ça te fait bien.

ANNE-MARIE

Merci.

PIERRE-MARC

On a des amis qui ont perdu leur maison. Ça nous a rapprochés de la pauvreté. Ça nous inquiète de plus en plus. Surtout avec un enfant.

ANNE-MARIE

J'imagine. Ça doit être freakant avoir un enfant.

Parle situation économique
Peur pauvreté

MARIE-PIERRE
J'ai déjà eu les cheveux courts quand j'avais treize ans. Mais ça me faisait pas bien.

ANNE-MARIE
Ah non?

PIERRE-MARC
Même nous, on peut pas dire qu'on est riches. On fait de l'argent, mais on est pas riches.

MARIE-PIERRE
Quand t'es enceinte, ils te suggèrent d'avoir les cheveux courts. Mais j'ai pas les traits qui vont bien avec des cheveux courts.

PIERRE-MARC
On a de l'argent de côté, quand même. Des placements. Au cas où il se passerait quelque chose. Ça se peut qu'il se passe quelque chose.

ANNE-MARIE
Sûrement, oui.

MARIE-PIERRE
Faut faire avec la tête qu'on a, hein?

ANNE-MARIE
C'est sûr.

PIERRE-MARC
Partout dans le monde il se passe des choses. Ça se peut bien qu'il finisse par se passer quelque chose ici aussi.

MARIE-PIERRE
As-tu déjà eu les cheveux longs?

ANNE-MARIE
Pas longtemps. Je trouve ça trop de trouble.

PIERRE-MARC
Si on veut pouvoir profiter de notre retraite, il faut pouvoir arrêter de travailler le plus tôt possible. C'est vrai! Ça se peut qu'on attrape un cancer ou qu'on fasse une crise cardiaque. Ça se peut même qu'on perde notre job. Y a pus rien de sûr. Y en a pus de job assurée. C'est pour ça qu'on a pas lc choix : faut travailler beaucoup. Pis mettre de l'argent de côté. Pis pour mettre de l'argent de côté, la meilleure chose c'est d'emprunter.

ANNE-MARIE
Ah oui?

MARIE-PIERRE, *à Pierre-Marc*
Es-tu obligé de l'embêter avec tes histoires de finances?

PIERRE-MARC
J'aurais aimé ça qu'on m'explique ça quand j'avais son âge.

MARIE-PIERRE
T'es pas obligée de l'écouter, hein?

PIERRE-MARC
Juste un petit conseil : même si t'as assez d'argent pour t'acheter une auto, t'es mieux d'emprunter pour financer ton achat. Comme ça, l'argent que t'aurais dépensé pour l'auto, tu l'as encore... donc, tu peux la placer pour préparer ta retraite!

ANNE-MARIE
OK...

MARIE-PIERRE
T'es vraiment pas obligée de t'intéresser à ce qu'il dit, hein?

PIERRE-MARC

Ce qui est intéressant avec cette formule-là, c'est qu'en même temps que tu mets de l'argent de côté, tu consommes. Pis ça, ça fait rouler l'économie, pis ça crée de la richesse, pis tout le monde est heureux. C'est sûr que pour rencontrer nos paiements faut faire un peu de temps supplémentaire... Mais c'est de moins en moins désagréable de rester au travail après l'ouvrage.

MARIE-PIERRE

Ah, ça c'est sûr que des fois on a pas le goût de rentrer à la maison.

PIERRE-MARC

Chez nous, ils ont aménagé un salon pour relaxer, pis une salle de loisir avec un jeu de dards. Pis le soir, nous autres, on remplace les cibles par la face des patrons! Ça défoule! *(Il rit.)* Faut pas trop en parler, mais on travaille pas mal moins fort quand on fait du temps supplémentaire... Mais on est quand même payés! On serait fous de s'en passer, hein?

ANNE-MARIE

J'imagine.

Légère pause. Marc-Antoine revient dans la pièce.

MARC-ANTOINE, *au bord des larmes*

Je suis allé dans la chambre du petit. J'avais envie d'aller voir le petit.

PIERRE-MARC

OK.

MARC-ANTOINE

Je me sens un peu mal.

histoire avec le bébé

47 frappé

PIERRE-MARC

Qu'est-ce qu'y a?

MARC-ANTOINE

J'aurais pas dû le frapper. Je m'excuse.

Malaise.

MARIE-PIERRE

Quoi? Tu... Tu viens de le frapper?

PIERRE-MARC

Pourquoi t'as fait ça? Il pleurait même pas!

MARC-ANTOINE

Non, non. Je l'ai pas frappé, là, là. Je parle de l'autre fois...

PIERRE-MARC

Quelle autre fois?

MARC-ANTOINE

Quand on l'a gardé, Roxanne pis moi. La dernière fois qu'on l'a gardé ensemble...

PIERRE-MARC

Tu l'avais pas frappé. Il était tombé en bas de l'escalier.

MARC-ANTOINE

Vous saviez pas?

MARIE-PIERRE

Qu'est-ce qu'on savait pas?

MARC-ANTOINE
Roxanne vous a rien dit?

PIERRE-MARC
Tu veux dire que tu l'avais frappé?

MARC-ANTOINE
Je pensais que Roxanne vous avait parlé.

MARIE-PIERRE
Roxanne était supposée nous dire que t'avais frappé le petit?

MARC-ANTOINE
Pas nécessairement! C'est juste qu'elle était au courant! Je pensais qu'elle vous l'avait dit!

ANNE-MARIE
T'as frappé leur kid!?

MARIE-PIERRE
Ah ben! La petite chienne! Elle est vraiment devenue une petite chienne depuis qu'elle a pus de nez, celle-là!

ANNE-MARIE
Depuis qu'elle a pus de nez?

PIERRE-MARC
Ben là! C'est sérieux! T'as frappé le petit?!

MARC-ANTOINE
Pas fort, fort, là!

ANNE-MARIE
Qui ça qui a pus de nez?

MARIE-PIERRE

Je peux pas croire qu'elle m'a rien dit! On était des amies! On était supposées être des amies!

MARC-ANTOINE

Je lui ai donné quelques claques dans la face! Il arrêtait pas de brailler! Il me tombait sur les nerfs... En plus on s'était chicanés, moi pis Roxanne! J'ai comme perdu la carte, je pense.

ANNE-MARIE

Comment ça se fait qu'elle a pus de nez?

MARIE-PIERRE

Elle se l'est fait enlever, la pauvre folle! Imagine ça : elle avait un nez plus petit que le mien, mais elle s'est sentie obligée de se le faire enlever de la face! Qu'est-ce que je suis supposée comprendre, moi, hein? Que mon nez est énorme? Que je devrais pas sortir de chez moi, tellement mon nez est énorme?!

Marc-Antoine est pris d'un fou rire.

MARIE-PIERRE

Tu trouves ça drôle?

MARC-ANTOINE, *dépassé*

Je comprends pas, là! Je veux dire : c'est pas parce que j'ai frappé votre gars que vous voulez pus me voir?!

PIERRE-MARC

Ben non! On savait pas!

MARC-ANTOINE

Ça fait trois heures que je pense que c'est à cause de ça!

MARIE-PIERRE
C'est sûr que si on l'avait su, on se serait décidé plus vite!

PIERRE-MARC
Je peux pas croire que t'as fait ça!

MARC-ANTOINE, *à Pierre-Marc*
Toi-même, tu m'as dit un moment donné que ça t'arrivait de le brasser!

PIERRE-MARC
De le brasser, pas de le frapper!

MARIE-PIERRE
Tu brasses le petit?

PIERRE-MARC
Toi aussi, non? Ça t'est déjà arrivé, non?

MARIE-PIERRE
Oui, c'est arrivé, mais... Je savais pas que toi aussi/ tu...

PIERRE-MARC
T'as le droit pis pas moi?

MARIE-PIERRE
T'es pas mal plus fort que moi!

PIERRE-MARC
Je suis pas fou, là! Je me retiens. Je le brasse pas de toutes mes forces, là!

ANNE-MARIE
Vous brassez votre bébé?

chicane plus intense bébé frappé

MARIE-PIERRE

C'est parce qu'il pleure beaucoup. Il pleure beaucoup.

PIERRE-MARC

Tu l'as entendu. Il pleure beaucoup!

MARIE-PIERRE

On essaie de lui faire comprendre que c'est désagréable quand il pleure.

PIERRE-MARC

Ça se peut perdre le contrôle! Je veux dire quand il est trois heures du matin pis qu'il faut que tu te lèves le lendemain à cinq heures, je peux te dire que ça se peut de perdre le contrôle!

MARC-ANTOINE

Bon ben, justement! C'est ça qui est arrivé! J'ai perdu le contrôle!

MARIE-PIERRE

Si t'as le goût de perdre le contrôle pis de frapper un enfant, je pense qu'on aimerait mieux que tu frappes ta fille!

MARC-ANTOINE

J'ai jamais frappé ma petite, tu sauras!

MARIE-PIERRE

Mais tu te permets de frapper notre gars! C'est gentil! Je te dis qu'on se sent privilégiés!

MARC-ANTOINE

Je vous l'ai dit : j'étais pas dans mon état normal! Roxanne venait de me câlisser là! Je vous le dis, j'ai perdu la carte! De toute façon, je veux dire, il est pas mort! Il avait la joue rouge un peu, c'est tout! Je me souviens, je l'ai revu la semaine après pis il avait pus rien! Ça paraissait pus pantoute!

MARIE-PIERRE
Ouin, ben... Ça me fait vraiment beaucoup de bien de savoir qu'on est pus des amis.

MARC-ANTOINE
Marie-Pierre. Je suis désolé. Je suis sincèrement désolé. Je regrette sincèrement ce qui est arrivé.

Léger temps.

PIERRE-MARC
C'est correct, Marc-Antoine. Je pense qu'on peut comprendre.

MARIE-PIERRE
Quoi?

PIERRE-MARC
Faut que je te dise que la première fois qu'on a gardé ta petite, euh...

MARIE-PIERRE
Qu'est-ce que tu fais, là?

PIERRE-MARC
On a un peu perdu le contrôle, nous aussi.

MARIE-PIERRE
T'es con, là! Qu'est-ce tu fais?

MARC-ANTOINE
Qu'est-ce qui s'est passé?

revirement de situation

impression Pierre tient à marc

PIERRE-MARC
On avait jamais gardé ça un enfant pis...

MARIE-PIERRE
Pierre-Marc! Arrête ça, là!

PIERRE-MARC
Elle était dans sa crise du non, tu te souviens, elle était assez pénible à ce moment-là, ta fille... Ben, on voulait lui donner son bain, elle voulait rien savoir, elle a fait une crise, pis c'était pas sa première crise de la soirée, pis c'est ça : on l'a un petit peu brassée.

MARC-ANTOINE
Un petit peu brassée?

PIERRE-MARC
On lui a pas fait mal, rien. C'était assez inoffensif comme brassage, mais je pense qu'on peut comprendre comment toi aussi t'as pu en arriver là. Hein, Marie?

MARC-ANTOINE, *à Marie-Pierre*
C'est toi qui... C'est toi qui l'a brassée?

MARIE-PIERRE
Je vois pas pourquoi tu lui as raconté ça. C'est pas comparable, là! Je l'ai à peine touchée. Je lui ai pas donné des claques dans la face, moi! Je l'ai juste, euh... remise à sa place, un peu.

PIERRE-MARC
Je pense que Marc-Antoine nous a dit des choses qui étaient difficiles à avouer. Je pense que c'est la moindre des choses qu'on fasse la même chose pour lui. Étant donné qu'on se reverra pus, j'aime mieux qu'on termine ça sur une bonne note.

MP à brassé la fille a marc

MARIE-PIERRE
Une bonne note?

PIERRE-MARC
En tout cas. J'aime mieux qu'on se dise les vraies affaires. Je pense que tout le monde a fait des erreurs dans tout ça. Mais que ce qu'il faut pas oublier, c'est qu'y a personne de mort.

Léger temps.

MARC-ANTOINE
Je pense que t'as raison. En tout cas, moi, je tiens à m'excuser encore.

Temps. Pierre-Marc regarde Marie-Pierre.

MARIE-PIERRE
Bon bien. Moi aussi. Je m'excuse. Même si c'était vraiment pas grand-chose. pas très sincère que Marc

PIERRE-MARC
C'est bien. rassure veux appese
Autre temps.

MARC-ANTOINE
Ça, ça veut dire que... la raison pour laquelle on arrête d'être des amis, c'est...

MARIE-PIERRE
C'est un manque d'affinités.

MARC-ANTOINE
Un manque d'affinités?

PIERRE-MARC

Ben un manque de temps, surtout...

MARIE-PIERRE insistante

Mais en gros, c'est surtout un manque d'affinités.

MARC-ANTOINE

OK. OK, OK OK. Oui, je comprends, oui.

Long temps. On ne sait plus trop quoi se dire.

ANNE-MARIE

Hey! On devrait jouer à un jeu de société! Lol.

Noir.

manque d'affinité

MP direct

Pierre un peu moins

11

Nous voici rendus à la fin d'une partie de strip-poker. Pierre-Marc est en boxer alors que les autres n'ont pas perdu un seul vêtement.

MARC-ANTOINE

T'as perdu, mon homme! T'as perdu!!!

PIERRE-MARC

Bon ben, on va arrêter ça là, je pense...

MARC-ANTOINE

Y en est pas question! Tout nu! Tout nu! Tout nu!

PIERRE-MARC

Franchement, c'est ridicule! Je me mettrai pas tout nu, là!

MARIE-PIERRE

C'est un jeu! C'est juste pour jouer!

PIERRE-MARC

Ben là! Y a une jeune fille avec nous! Je peux quand même pas/ me déshabiller...

ANNE-MARIE

Gêne-toi pas pour moi.

MARC-ANTOINE
Tu m'as pas dit que vous aviez fait du tout nu à Cuba?

PIERRE-MARC
Oui, mais j'étais sur une plage. J'étais pas dans mon salon.

MARC-ANTOINE
Pis? T'as jamais été tout nu dans ton salon?

MARIE-PIERRE
T'as même pas été tout nu à Cuba!

PIERRE-MARC
Comment ça, j'ai pas été tout nu?

MARIE-PIERRE
Tu voulais pas que le monde voit ton beau corps!

PIERRE-MARC
J'étais tout nu!

MARIE-PIERRE
Dans l'eau!

PIERRE-MARC
J'étais tout nu oui ou non?

MARIE-PIERRE
Juste quand tu te baignais! On peut pas vraiment dire que t'étais tout nu : personne pouvait te voir!

PIERRE-MARC
L'eau est très claire à Cuba! Tu peux clairement voir le fond!

 meilleur ambiance saoul

MARIE-PIERRE

Le monde sur la plage pouvait pas te voir.

PIERRE-MARC

Peut-être, mais le monde dans l'eau... Y a des filles qui sont venues nager proche de moi pis elles m'ont vu tout nu!

MARIE-PIERRE

Tu penses ça?

PIERRE-MARC

En tout cas, moi je les ai vues!

MARC-ANTOINE

Serais-tu plus confortable si on allait finir la partie dans la piscine?

MARIE-PIERRE

Hey, c'est une idée, ça! On arrête la partie. On pourrait aller se baigner! Qu'est-ce que vous en pensez? Ça vous tente-tu d'aller vous baigner?

PIERRE-MARC

Faudrait que quelqu'un reste au cas où le petit se mette à pleurer.

MARC-ANTOINE

On peut amener le moniteur dehors.

ANNE-MARIE

Je vais rester, moi. J'ai pas envie de me baigner.

MARC-ANTOINE

T'es sûre?

direction piscine pas anne marie

ANNE-MARIE

Oui, oui.

PIERRE-MARC

En tout cas. Si t'as un problème avec le petit, hésite pas à venir nous chercher...

ANNE-MARIE, *avec humour*

Inquiétez-vous pas. Si y a du brassage de bébé à faire, je vais aller vous chercher!

12

Pierre-Marc vient de rejoindre Anne-Marie. Il porte une serviette autour de la taille.

PIERRE-MARC

Ça va?

ANNE-MARIE

Il a pas pleuré.

PIERRE-MARC

OK. *(Pause.)* Si tu veux y aller, l'eau est bonne.

ANNE-MARIE

Je tripe pas fort sur l'eau.

Pause.

PIERRE-MARC

Moi non plus je suis pas un grand nageur.

ANNE-MARIE

OK.

PIERRE-MARC

Mais comme on a une piscine, je me force pour faire une baignade une fois de temps en temps. *(Pause.)* C'est beaucoup d'entretien.

ANNE-MARIE

Quoi?

PIERRE-MARC

La piscine. C'est beaucoup d'entretien. Faut mettre du chlore. Contrôler le PH. C'est de l'ouvrage.

ANNE-MARIE

OK.

PIERRE-MARC

Y avait une piscine quand on a acheté. Ç'aurait été con de la boucher pis de l'enterrer. Elle est là, faut faire avec, t'sais. Ça fait que je vais faire une saucette une fois de temps en temps.

ANNE-MARIE

Est-ce que tu t'es baigné tout nu, finalement?

PIERRE-MARC timide p. 113

Oui. J'ai rien contre le fait d'être tout nu. Mais j'aime mieux faire ça dans l'intimité. On a une haie de cèdres. Elle est pas mal haute. Ça nous donne une belle intimité. D'ailleurs, faudrait que je la coupe. Ça fait longtemps que je l'ai pas coupée. Je veux garder une certaine hauteur, mais là elle est un peu haute.

ANNE-MARIE

Ça aussi c'est beaucoup d'entretien?

PIERRE-MARC

Oui... Oui, oui, oui. Oui.

Un temps.

Pierre ne sait pas trop comment agir avec Anne

ANNE-MARIE
Est-ce que t'as déjà baisé dans l'eau?

PIERRE-MARC
Non. Non, non, je... On a pas...

ANNE-MARIE
T'as une piscine pis t'as jamais essayé?

PIERRE-MARC
On a pas eu le temps encore. On est assez occupés. Depuis qu'on est ici, on arrête pas... *(Avec un peu d'humour.)* Mais, c'est sur notre liste de choses à faire!

ANNE-MARIE, *avec un sourire*
Avant ou après la haie de cèdres?

PIERRE-MARC
Ah! Le plus tôt possible! Le plus tôt possible!

ANNE-MARIE
C'est dull. J'aurais aimé ça que tu m'en parles.

PIERRE-MARC
Que je t'en parle?

ANNE-MARIE
Que tu me dises comment c'est de baiser dans l'eau. Ça doit être *space*.

PIERRE-MARC
Ah, ça doit. Ça doit.

drasue

ANNE-MARIE

Je sais pas si c'est vrai que tu peux rester pris.

PIERRE-MARC

Je sais pas non plus.

ANNE-MARIE

C'est peut-être une légende urbaine. Pour faire peur au monde. Pour empêcher le monde de baiser dans leur piscine.

PIERRE-MARC

Je vois pas pourquoi y a du monde qui voudrait empêcher ça.

ANNE-MARIE

R'garde, y a du monde qui était contre la masturbation dans le temps de ma grand-mère. Qui disait que ça peut rendre sourd ou qu'y a du poil qui peut te pousser dans les mains. Peut-être que ça aussi c'est inventé.

PIERRE-MARC

Ah. Ça se peut. Toute se peut aujourd'hui, hein? Mais en tout cas, si c'est vrai qu'on peut rester pris, t'es mieux de le faire avec quelqu'un qui te tombe pas trop sur les nerfs quand t'essayes ça la première fois!

Il rit. Elle sourit.

ANNE-MARIE

Ça doit vraiment être *space*. Les sensations doivent pas être pareilles. Je sais pas si ça glisse aussi bien. Je sais pas si on peut mouiller dans l'eau. Mouiller dans du liquide, ça doit être *space*, hein?

PIERRE-MARC
Ça doit être *space*... T'as ben raison. J'avais jamais vu ça de même.

ANNE-MARIE
En même temps, quand tu y penses... Flotter en baisant. Baiser en flottant. Ça doit être un estie de trip!

PIERRE-MARC
Oui. Sûrement. *(Il tente un sourire.)* Le premier qui le fait en parle à l'autre, OK?

ANNE-MARIE
C'est bon.

Long temps. On ne sait plus trop quoi se dire.

PIERRE-MARC
Bon bien. Je vais aller voir ce qu'ils font.

Faire l'amour dans une piscine

Pierre est tenté et a le saut mais se retient Anne lui donne envie

13

Anne-Marie joue un joli morceau au piano. C'est un peu fou. On a trop bu et il n'y a plus aucune inhibition. Marie-Pierre danse seule au centre de la pièce. Les deux hommes la regardent. Anne-Marie termine son morceau. Marie-Pierre, plus saoule que les trois autres, applaudit un peu trop chaleureusement.

MARIE-PIERRE
Hé que tu fais chier, toi!

PIERRE-MARC
Franchement, Marie-Pierre. Dis pas ça.

MARIE-PIERRE
J'avais oublié que ça pouvait faire de la musique, cette grande affaire-là!

PIERRE-MARC
Elle a fait ça pour être gentille!

MARIE-PIERRE, *à Anne-Marie*
Hey, tu pourrais venir jouer pour moi. Le soir avant que je me couche, je m'écraserais dans mon divan, avec une cigarette...

(Cynique à Pierre-Marc.) Ah non, c'est vrai, on a arrêté de fumer, hein mon chou? *(De retour à Anne-Marie.)* Je me prendrais un ou deux Ativans, d'abord, je m'écraserais là, pis je t'écouterais jouer! On serait-tu bien, un peu?

ANNE-MARIE
Tu serais mieux d'apprendre.

MARIE-PIERRE
Es-tu malade? C'est ben trop d'ouvrage!

ANNE-MARIE
C'est tellement satisfaisant quand tu joues par toi-même.

MARIE-PIERRE
Satisfaisant? Sais-tu ce qui est satisfaisant? Vraiment satisfaisant? C'est de boire du vin.

PIERRE-MARC
Marie-Pierre.

MARIE-PIERRE
Ça, c'est pas compliqué à faire. *(Elle se verse un verre de vin.)* Pis c'est très rapidement satisfaisant!

PIERRE-MARC
Tu penses pas que t'as assez bu?

MARIE-PIERRE
Tu me trouves désagréable, mon chou? *(Cynique. Comme si elle réfléchissait à voix haute.)* Pourquoi, donc, je deviens désagréable quand je bois, hein? C'est pas parce que je suis malheureuse. Je suis pas malheureuse. J'ai pas de raison d'être malheureuse. J'ai tout ce

que je veux! J'ai voulu avoir Pierre-Marc dans mon lit : je l'ai eu. J'ai voulu qu'il soit juste à moi : on s'est mariés. Je voulais au moins un enfant : je l'ai eu. J'ai la maison que je voulais. Le travail que je voulais. L'auto que je voulais. La cafetière, le micro-ondes, le lit king, le voyage à Cuba, sur la plage que je voulais, de l'hôtel que je voulais, avec le *mojito* que je voulais, avec la quantité de rhum que je voulais — c'était dans le temps qu'on buvait encore —, pis même l'ostie de température exacte que je voulais!!! Hey! J'ai même un piano dont je peux pas me servir! Qu'est-ce que je pourrais bien vouloir de plus, hein? *(Elle a une idée qui la rend tout d'un coup trop joyeuse.)* Hon! Je le sais! Je le sais, je le sais, je le sais, je le sais! Je le sais ce qu'on va faire! On va faire quelque chose de très «satisfaisant», OK? *(Souriante.)* Écoute, Marc-Antoine. Pierre-Marc et moi on a eu une petite discussion avant que t'arrives.

Plan à trois

PIERRE-MARC
Marie, je... Je sais pas trop si on devrait/

MARIE-PIERRE
Je suis certaine que toi aussi t'arrêtes pas d'y penser.

PIERRE-MARC
On s'était dit qu'on laisserait faire. timide

MARIE-PIERRE
Pas avec lui! Avec elle, mon chou.

PIERRE-MARC
Avec elle? plus intéressé??

ANNE-MARIE
Qui ça, elle? Moi?

Propose Plan à trois

MARIE-PIERRE

Ça te tente pus?

MARC-ANTOINE

Vous voulez faire quelque chose avec Anne-Marie?

PIERRE-MARC hésitant

C'est sûr que ça me tente. Ça me tente. Ça me tente. Ça me tente. C'est sûr que ça me tente. Mais je pense qu'il faut que ça te tente avant que ça me tente...

ANNE-MARIE

Qu'est-ce qui se passe? Il va-tu se passer quelque chose?

MARIE-PIERRE, *désignant Anne-Marie*

Mon beau Marc-Antoine, est-ce que tu penses qu'on pourrait te l'emprunter?

MARC-ANTOINE

Me l'emprunter?

ANNE-MARIE

M'emprunter moi?

MARIE-PIERRE

Pour un trip à trois avec mon homme.

MARC-ANTOINE

Un trip à trois avec Pierre-Marc?

ANNE-MARIE

Ah oui? Euh... On ferait ça quand?

↳ ça lui tente

MARIE-PIERRE

Moi je ferais ça tout de suite. *(À Pierre-Marc.)* Qu'est-ce que t'en penses, mon chéri?

PIERRE-MARC

Oui, oui. Si tu veux. On peut le faire tout de suite.

MARIE-PIERRE

Sinon, tu me connais, je risque de changer d'idée.

PIERRE-MARC manque d'affirmation

On va le faire tout de suite. Si tu veux qu'on le fasse tout de suite, on va le faire tout de suite. *(Regard de Marc-Antoine.)* Si Marc-Antoine est d'accord, évidemment.

MARC-ANTOINE

Je m'excuse, mais je suis pas sûr de comprendre ce qui se passe, là.

MARIE-PIERRE

Fais-moi pas accroire que tu sais pas c'est quoi un trip à trois!

MARC ANTOINE

Non, non! C'est pas ça!

PIERRE-MARC

Il sait c'est quoi! Il en a déjà fait!

MARC-ANTOINE incompréhension

Attendez une minute, là! Qu'est-ce qui se passe avec moi dans tout ça?

} le déteste

MARIE-PIERRE

Rien. T'attends ici pis on revient.

MARC-ANTOINE
J'attends ici?

PIERRE-MARC
Inquiète-toi pas. Ça sera pas long. On va faire ça vite.

MARC-ANTOINE
J'attends ici? Je fais rien?

PIERRE-MARC
Ouin... Il a raison. Qu'est-ce qu'il fait?

MARIE-PIERRE
Je sais pas. Il regarde la télé. Il lit des revues.

MARC-ANTOINE
Je lis des revues?

PIERRE-MARC
Marc-Antoine a peut-être raison. On peut quand même pas le laisser poireauter pendant qu'on... *(À Marc-Antoine.)* Veux-tu te joindre à nous?

Petite attirance pour marc?

MARIE-PIERRE
Attends minute, Pierre-Marc. J'ai le goût d'un trip à trois.

PIERRE-MARC
Ouin?

MARIE-PIERRE
Pis un trip à trois, ça se fait pas à quatre.

PIERRE-MARC
Ben là. Un de plus, un de moins... Ça fait pas une grosse différence.

MARIE-PIERRE

Non, non. Si on est quatre, je sais ce qui va se passer. Ça va être deux trips à deux, un à côté de l'autre.

ANNE-MARIE

Pas nécessairement. On peut s'arranger pour — je sais pas— faire une espèce de chaîne...

MARIE-PIERRE

Une chaîne?

ANNE-MARIE

Je sais pas. On est quatre. On peut faire un — comment on pourrait appeler ça — un «carré d'amour»...

MARIE-PIERRE

Un carré d'amour?

ANNE-MARIE

Une boîte, comme.

PIERRE-MARC

Anne Marie a raison. Il doit y avoir un moyen pour que tout le monde puisse/

MARIE-PIERRE

Vous comprenez pas! C'est un trip à trois que je veux. Pas une orgie! Un trip à trois, bon!

MARC-ANTOINE

Franchement, je pense pas qu'à quatre on peut appeler ça une orgie!

PIERRE-MARC

Je pense qu'il a raison.

Anne et pierre veulent inclure marc mais pas MP

MARIE-PIERRE

Je pense que je fais preuve d'ouverture, là, Pierre-Marc! Je suis prête à embarquer une autre personne dans notre lit, merde! C'est pas rien!

PIERRE-MARC

Je sais. Je veux dire, ça me touche. Mais/

MARIE-PIERRE

Je pense que c'est important que je saute pas d'étape! J'ai jamais fait ça, moi, en groupe!

PIERRE-MARC

Moi non plus, Marie-Pierre! Moi non plus!

ANNE-MARIE

Si ça te demande un effort, t'es peut-être mieux de laisser faire!

MARIE-PIERRE

Ça me demande pas un effort! Je veux juste le faire à trois! Me semble que c'est clair?

PIERRE-MARC

Oui, oui. C'est ben clair, là.

MARIE-PIERRE

C'est de ça qu'on s'était parlé! Toi, moi, pis une autre fille! Ça fait tellement longtemps qu'on y pense! Pour une fois qu'on a l'occasion de le faire, on va le faire! On va savoir c'est comment! Pis on va arrêter de se poser des questions, après! Pourquoi il faut que ça soit compliqué, hein? S'affirme

PIERRE-MARC

Ben non. C'est pas compliqué. On va s'arranger pour que ça reste simple, OK? veux régler la situation

MARC-ANTOINE

Je m'excuse de gâcher votre party, mais je peux pas accepter.

MARIE-PIERRE

Tu peux pas accepter? Parce que tu penses qu'on a besoin de ta permission?

MARC-ANTOINE

Ben! Tu m'as demandé si tu pouvais m'emprunter Anne-Marie!!!

PIERRE-MARC

Il a un peu raison. aide pas la situation

MARC-ANTOINE

On est pus des amis. Je vois pas pourquoi j'accepterais de vous laisser coucher avec Anne-Marie. On est pus des amis!

ANNE-MARIE

Anyway, Marco, moi je pense que c'est Marie-Pierre qui a raison. T'as pas à décider pour moi. C'est avec moi qu'ils veulent baiser. Pis je suis majeure. Pis je peux décider par moi-même, je pense.

MARC-ANTOINE

Marie-Pierre voulait savoir si j'étais d'accord : j'ai le droit de lui dire que je suis pas d'accord! Non?

ANNE-MARIE

C'est quand même de mon cul qu'il est question! Si j'ai envie de coucher avec Marie-Pierre pis... fuck... *(À Marc-Antoine.)* C'est quoi déjà son nom?

PIERRE-MARC

Pierre-Marc.

Anne délaisse marc pour trip à trois
elle veut du sex en gros

Marc n'est vraiment pas d'accord

ANNE-MARIE

Si je veux coucher avec eux, je vais le faire. C'est tout.

MARC-ANTOINE

Tu peux le faire si tu veux, mais pas ce soir.

ANNE-MARIE

Pas ce soir?

MARC-ANTOINE

Non. Pas ce soir.

ANNE-MARIE

Pourquoi pas?

MARC-ANTOINE

Parce que. Parce que je suis là.

ANNE-MARIE

Pis?

MARC-ANTOINE

Pis... Quand je couche avec d'autres filles, t'es pas là.

ANNE-MARIE

Tu seras pas dans la chambre, non plus.

MARC-ANTOINE

Je vais être dans la maison! Je vais être dans la même maison!

ANNE-MARIE

T'as juste à aller prendre une marche!

PIERRE-MARC
On est peut-être mieux de laisser faire...

MARIE-PIERRE
Je vois pas pourquoi on laisserait faire si ça lui tente.

PIERRE-MARC
Oui, mais ç'a l'air d'être compliqué, là.

MARIE-PIERRE
C'est pas compliqué! Je vois pas pourquoi il fait tout un plat avec ça. C'est même pas sa blonde. C'est juste son «amie-plus».

MARC-ANTOINE
Justement!

ANNE-MARIE
Quoi, «justement»?

MARC-ANTOINE
T'es mon amie-plus! Pis c'est pas rien ça, une amie-plus. C'est l'amitié avec un plus! Pis ça veut dire quelque chose pour moi, l'amitié! Pis là, en plus, on parle de l'amitié avec un plus! Je commencerai pas à échanger mes amis, comme de la marchandise, contre un bon souper!

ANNE-MARIE
On est pas des amis.

MARC-ANTOINE
Quoi? Toi pis moi, on est pas des amis?

ANNE-MARIE
Ça veut rien dire : «ami-plus»!

chicane anne et marc

MARC-ANTOINE
Ça veut rien dire?

ANNE-MARIE
«Ami-plus», c'est une mauvaise traduction de «*fuck-friend*»!

MARC-ANTOINE
«*Fuck-friend*»?

ANNE-MARIE
Oui!

MARC-ANTOINE
«*Friend*», ça veut pas dire «ami», «*friend*»?

ANNE-MARIE
«Ami de cul», ça serait une meilleure traduction.

MARC-ANTOINE
«Ami de cul»?

ANNE-MARIE
Ouin.

MARC-ANTOINE
En tout cas, y a le mot «ami».

ANNE-MARIE
«Ami de cul», ça sonne pas trop le fun, ça, «un ami de cul»!

MARC-ANTOINE
Mais y a quand même une amitié!

ANNE-MARIE
De cul! Une amitié de cul!!!

MARC-ANTOINE
Hey! T'es de mauvaise foi, là!

ANNE-MARIE
On se connaît presque pas. On baise ensemble, c'est toute!

MARC-ANTOINE
On se connaît pas?

ANNE-MARIE
Peux-tu dire que tu me connais?

MARC-ANTOINE
Oui. Je pense que je peux dire ça!

ANNE-MARIE
C'est quoi la couleur que j'aime le plus?

MARC-ANTOINE
Rouge.

ANNE-MARIE
C'est mauve.

MARC-ANTOINE
Voyons donc, le mauve! Y a personne qui aime ça, le mauve!

ANNE-MARIE
T'aimes pas le mauve?

chicane continue

MARC-ANTOINE
Anne-Marie. Je t'ai jamais vue porter du mauve!

ANNE-MARIE
On se voit pas tout le temps!

MARC-ANTOINE
Par contre, t'as beaucoup de sous-vêtements rouges!

ANNE-MARIE
C'est toi qui me les achètes, mes sous-vêtements rouges!!!

MARIE-PIERRE
Écoutez, on est pas ici pour discuter de la beauté des couleurs, je pense...

MARC-ANTOINE
Ouin? On est ici pourquoi? Pour que tu te tapes ma blonde avec ton mari pendant que je reste ici à lire tes vieux numéros de Châtelaine?

ANNE-MARIE
«Ta blonde»? Depuis quand tu m'appelles ta blonde?

MARC-ANTOINE
Depuis que je sais qu'on est pas des si bons amis que ça! Si on est pas des amis, si on se connaît pas pantoute, mais qu'on baise ensemble, je sais pas ce qu'on peut être... à part un couple!

MARIE-PIERRE
Est-ce que t'essaies de faire une allusion à nous autres, Marc-Antoine? Tu trouves qu'on est un couple qui a pas d'allure, c'est ça?

MARC-ANTOINE
Un couple qui veut faire un trip à trois, tu trouves que ç'a de l'allure, toi?

Chicane dérive entre MP et Marc

MARIE-PIERRE

Tu couches avec n'importe qui! Tu fais même ça avec des putes!

MARC-ANTOINE, *à Pierre-Marc*

Tu lui as parlé de ça?

PIERRE-MARC

Je m'excuse...

MARC-ANTOINE

C'était entre toi pis moi! Je peux pas croire que tu lui as parlé de ça!

PIERRE-MARC

Toi-même t'avais besoin d'en parler! Tu me l'as dit, j'ai trouvé ça gros, j'ai eu, comme toi, le besoin d'en parler avec quelqu'un!

MARIE-PIERRE, *à Marc-Antoine*

En tout cas, je pense que t'as pas de leçon de morale à nous donner!

MARC-ANTOINE

Moi, au moins, j'oblige pas *ma femme* à se prêter à mes perversions sexuelles!

MARIE-PIERRE

Pierre-Marc m'oblige pas.

PIERRE-MARC

C'est vrai ça! Je pense pas que je l'oblige!

ANNE-MARIE, *à Marc-Antoine*

Parce que tu penses que tu me fais pas vivre tes perversions sexuelles?

MARC-ANTOINE
C'est normal : on est ensemble pour le cul! On est des *fuck friends*! J'ai pas le choix! Faut que je sois pervers!

MARIE-PIERRE
T'es le seul ici qui a le droit d'être pervers?

MARC-ANTOINE, *de mauvaise foi*
Je dis seulement que si j'étais marié, je ferais pas vivre des choses perverses à ma femme!

ANNE-MARIE
Ça veut dire que si on était mariés, tu me viendrais pas dans la face?

MARC-ANTOINE
Voyons! C'est pas une perversion, ça! C'est normal d'éjaculer dans la face de sa femme une fois de temps en temps!

PIERRE-MARC
Ben oui!

MARIE-PIERRE
Les perruques! Faire porter des perruques à sa femme pour pouvoir imaginer que tu baises une autre fille, c'est pas pervers, ça?

MARC-ANTOINE
Quand j'ai fait ça, c'était fini : je l'aimais pus Roxanne.

MARIE-PIERRE
Tu ferais pas porter de perruque à une femme que t'aimes, même si ça pouvait te donner du bon cul?

MARC-ANTOINE
Si j'étais avec une fille que je respecte, je le ferais pas, non!

ANNE-MARIE
Une fille que tu respectes? Ça veut dire que tu me respectes pas?

MARC-ANTOINE
Je te l'ai dit, on est ensemble pour le cul!

MARIE-PIERRE
Il te fait porter des perruques?

ANNE-MARIE
Même si c'est juste du cul, ça serait le fun d'avoir un minimum de respect entre nous autres!

PIERRE-MARC
C'est quoi cette histoire-là de perruque?

MARC-ANTOINE
Imagine-toi donc que ta femme aimerait ça porter une perruque au lit, pour que tu te mettes à la baiser sauvagement!

PIERRE-MARC
Ben là! Je la baise sauvagement, des fois!

MARC-ANTOINE
Ç'a l'air que c'est pas assez «animal»!

PIERRE-MARC, *à Marie-Pierre*
C'est quoi cette histoire-là? Tu voudrais que je te baise comme un animal?

MARIE-PIERRE
Oui! Oui, oui, oui! J'aimerais ça, oui!

MP veut une baise animal

révélation MP sur sex avec Pierre

PIERRE-MARC
Comme si t'étais une guenon ou une truie, genre?

MARIE-PIERRE
Fais pas le con, là!

PIERRE-MARC
Parce que moi ça m'excite pas de penser que je baise une guenon ou une truie!

MARIE-PIERRE
Tu comprends rien! Une baise avec une *énergie animale*! Comme si j'étais une pute!

PIERRE-MARC
Tu veux que je te traite comme une pute?

MARIE-PIERRE
Ouiiiiiiii!

PIERRE-MARC
Tu penses pas que c'est un peu humiliant de se faire traiter comme une pute?

MARIE-PIERRE
J'aime ça être humiliée. Est-ce que j'ai le droit?

PIERRE-MARC, *troublé*
Quoi? Comment ça, t'aimes ça être humiliée?

MARIE-PIERRE
J'aime ça. C'est tout.

PIERRE-MARC

Je comprends pas comment tu peux aimer ça! Se faire humilier! C'est pas quelque chose d'agréable de se faire humilier!

MARIE-PIERRE

Mon psy dit que c'est parce que j'ai besoin de sentir que t'es fort. Pis quand tu m'humilies, je te sens fort.

PIERRE-MARC

T'as un psy?

MARIE-PIERRE

T'en as ben un.

MARC-ANTOINE, *à Pierre-Marc*

T'as un psy!?

PIERRE-MARC, *à Marie-Pierre*

Merde! Tu dois être complètement déçue de ta vie sexuelle... Me semble que ça m'arrive presque jamais de t'humilier!

MARIE-PIERRE

Exagère pas. De toute façon, on en a pratiquement pas de vie sexuelle. Qu'est-ce que tu veux que ça me fasse?

Léger temps.

ANNE-MARIE

Bon. On se le tape-tu notre trip à trois?

MARC-ANTOINE

Écoute, Anne-Marie. Si tu le fais juste pour me faire chier, je pense pas que tu devrais le faire.

direction trip à trois mais

ANNE-MARIE

Non, non. C'est pas juste pour te faire chier, Marco. Je le fais pour les bonnes raisons, OK? *(À Marie-Pierre et Pierre-Marc.)* On y va?

MARIE-PIERRE

Oui. On y va. *(Elle se lève. Elle tend la main à Pierre-Marc.)* Tu viens?

Pierre-Marc ne bouge pas.

MARIE-PIERRE

Qu'est-ce qu'y a?

PIERRE-MARC

Je sais pas, je...

MARIE-PIERRE

Qu'est-ce qu'y a?

Pas direct

PIERRE-MARC

Je sais pas, j'ai l'impression qu'on en a peut-être pas assez parlé.

MARIE-PIERRE

Ça fait un bon quinze minutes qu'on en parle! Je vois pas ce qu'on pourrait se dire de plus!

PIERRE-MARC

Je voulais dire entre nous deux. S'en parler entre nous deux...

MARIE-PIERRE

Tu viens ou tu viens pas?

PIERRE-MARC

J'ai un peu trop bu, je pense. LOL

MARIE-PIERRE
Tout le monde a bu.

PIERRE-MARC
J'ai peut-être pas assez bu, d'abord...

MARIE-PIERRE
Viens-tu, oui ou non?

PIERRE-MARC
Peut-être que Marc-Antoine devrait prendre ma place?

MARC-ANTOINE
Ben là. C'est ta femme. Tu devrais y aller. Je pense que c'est important que vous viviez ça ensemble.

MARIE-PIERRE
Pierre-Marc, je te comprends pus, là.

PIERRE-MARC
Je sais. Moi non plus je me comprends pas, mais...

MARIE-PIERRE
J'ai ben de la misère à te suivre. C'était ton idée. Est-ce qu'il faut que je te rappelle que c'était ton idée?

PIERRE-MARC
Je sais.

MARIE-PIERRE
Qu'est-ce que t'attends?

PIERRE-MARC
Je serai pas capable.

ANNE-MARIE

Qu'est-ce qui se passe? On fera rien?

MARC-ANTOINE

Ben... Je peux y aller si... LoL

MARIE-PIERRE, *choquée, à Pierre-Marc*

Tu viendras pas?

PIERRE-MARC

Je te l'ai dit. Je suis pas capable. choc dû à sa vie sexuelle de merde

MARIE-PIERRE

Tabarnak!

PIERRE-MARC impuissant

Je m'excuse.

MARIE-PIERRE, *choquée après son homme*

Bon bien. Tu viens, Marc-Antoine?

Marc-Antoine se lève et va rejoindre les deux filles. Les filles sortent vers les chambres. Marc-Antoine hésite...

MARC-ANTOINE, *à Pierre-Marc* LoL

Viens au moins regarder.

Pierre-Marc lui jette un regard. Marc-Antoine sort. Au même moment, on entend, grâce au moniteur, les filles qui entrent dans la chambre.

MARIE-PIERRE

Merde! Le petit est là.

ANNE-MARIE
Qu'est-ce qu'on fait? Veux-tu qu'on aille faire ça — je sais pas — dans le sous-sol?

MARIE-PIERRE
Je vais aller le porter dans sa chambre.

ANNE-MARIE
Vas- y doucement. Ça serait plate qu'il se réveille.

MARIE-PIERRE, *cynique*
On demandera à Pierre-Marc de s'en occuper.

MARC-ANTOINE, *qui vient d'entrer dans la chambre*
Qu'est-ce qui se passe?

MARIE-PIERRE
Je vais aller porter le petit dans son lit.

MARC-ANTOINE
OK... Euh, veux-tu qu'on t'attende ou t'aimes mieux qu'on commence?

Trip à trois commence sans pierre

14

Pierre-Marc est seul dans le salon. Tout en fumant nerveusement une cigarette, il écoute les halètements sexuels qui lui parviennent par le moniteur. Au bout d'un moment, n'en pouvant plus, il éteint le moniteur... Il fait les cent pas, puis finit par s'installer au piano. Machinalement, il se met à jouer une mélodie plutôt simpliste comme «En roulant ma boule». Il commence avec un rythme assez lent, puis s'emporte au fur et à mesure pour jouer son petit morceau de plus en plus vite et de plus en plus fort. Au bout d'un moment, Marc-Antoine apparaît.

MARC-ANTOINE

Je savais pas que tu jouais du piano.

PIERRE-MARC, *qui a fait le saut*

S'cuse-moi, je... Je sais pas trop ce qui m'a pris. Je jouais-tu trop fort?

MARC-ANTOINE

Non, non. Ça va. J'espère que ça te dérange pas trop : je t'ai emprunté ta robe de chambre.

PIERRE-MARC
Non, non. Ça va?

MARC-ANTOINE
T'aurais pas une cigarette?

Pierre-Marc lui donne une cigarette.

PIERRE-MARC
C'est fini?

MARC-ANTOINE
Pas encore, non. Les filles continuent. Moi j'avais besoin d'un break.

PIERRE-MARC
Ah. OK.

MARC-ANTOINE
Ça va?

PIERRE-MARC
Les filles sont toutes seules?

MARC-ANTOINE
Oui, oui. Veux-tu les rejoindre? Tu pourrais aller faire un p'tit boutte pendant que je récupère.

PIERRE-MARC
Je sais pas trop. Je pense pas que je serais le bienvenu!

Léger temps.

MARC-ANTOINE
C'est con. T'sais, c'est difficile de satisfaire deux filles en même temps. Les gars, on pense souvent que c'est le trip ultime, mais dans

le fond, l'idéal, ça serait le contraire. Deux gars pour une fille, t'sais. Si on est vraiment honnête, faut admettre que les filles peuvent en prendre plus que nous autres. Une fois que t'as joui, ça prend du temps avant de repartir la machine. Surtout à notre âge. On a pus vingt ans.

PIERRE-MARC
C'est sûr.

MARC-ANTOINE
En tout cas, je tiens à te dire que t'es avec une belle femme. Je veux dire, elle est belle toute nue. Pis c'est pas toutes les femmes qui sont comme ça. Roxanne était pas comme ça. Elle était belle habillée. Elle avait du style pis toute, mais c'est toute nue que ça se gâtait. Elle avait pas des belles fesses. Ses seins non plus tant qu'à ça. Ils étaient ordinaires. Pis mous. Mais Marie-Pierre, tabarouette... Je sais pas si tu le sais, mais t'es chanceux mon homme! Je tenais à te le dire parce que souvent, quand ça fait longtemps que t'es avec la même fille, tu finis par pus la voir. T'arrives pus à l'apprécier autant. Mais je te le dis, là, lâche-la pas cette fille-là : t'as pogné un beau morceau! C'est sûr qu'elle a un petit ventre, mais ses seins! Ils sont durs, là! Je capotais... J'ai pensé pendant une fraction de seconde que c'était pas des vrais, mais j'en ai touché avant des siliconés pis c'est vraiment pas pareil! Tu le sais tout de suite! En tout cas, pour une fille de son âge, c'est assez spectaculaire! C'est sûr qu'elle pourrait avoir un plus petit cul, mais c'est pas grave... Je focussais sur celui d'Anne-Marie pis je regardais les seins de ta femme... *(Il est pris d'un agréable frisson.)* Oh boy! Je pense que je suis en train de me repartir, moi là!

Marc-Antoine se lève.

MARC-ANTOINE
Hey, sais-tu si y a des cubes de glace dans ton congélateur?

PIERRE-MARC
Des cubes de glace?

MARC-ANTOINE
Oui. Des cubes de glace. Pour euh.. *(Il mime une caresse avec un glaçon imaginaire.)* T'sais?

PIERRE-MARC
Non, je sais pas, non! Je pourrais pas dire.

MARC-ANTOINE
Je vais aller voir.

PIERRE-MARC
Marc-Antoine!

MARC-ANTOINE
Oui?

PIERRE-MARC, *soudainement très émotif*
Peux-tu dire à Marie-Pierre que je suis parti prendre une marche! OK?

MARC-ANTOINE, *presque inquiet*
Euh... Ça va-tu?

PIERRE-MARC, *explosant*
Oui, ça va tabarnak! J'ai-tu le droit d'aller prendre une marche, crisse? J'ai-tu le droit, ciboire?

Pierre-Marc sort.

15

La fin de semaine suivante. Anne-Marie et Pierre-Marc sont seuls. On sent que Pierre-Marc ne va pas très bien.

ANNE-MARIE

Marie-Pierre est pas là?

PIERRE-MARC

Non. Elle est pas là.

ANNE-MARIE

Ah bon. Elle va revenir?

PIERRE-MARC

Oui, oui. Elle va revenir. Elle est pas partie pour toujours, là!

ANNE-MARIE

Je voulais dire bientôt. Elle revient bientôt?

PIERRE-MARC

Oui. Bientôt. Dans deux jours.

ANNE-MARIE

Dans deux jours?

PIERRE-MARC
Tu veux boire quelque chose?

ANNE-MARIE
Je pensais que...

PIERRE-MARC
Tu pensais que?

ANNE-MARIE
Je la verrais.

PIERRE-MARC
Tu la verras pas.

ANNE-MARIE
Je la verrai pas.

PIERRE-MARC, *à la blague*
À moins que tu passes les deux prochains jours ici! *(Pause.)* Elle a un congrès à l'extérieur de la ville.

ANNE-MARIE
Quand on s'est parlé au téléphone, tu m'as dit que *vous* vouliez me voir.

PIERRE-MARC
J'ai dit que ça serait important qu'on se voit, oui.

ANNE-MARIE
Je pensais... toi pis elle. J'avais l'impression qu'elle serait là, elle aussi.

PIERRE-MARC
On s'est mal compris, d'abord. Je voulais dire, toi pis moi. C'est important qu'on se voit, toi pis moi.

ANNE-MARIE
On s'est mal compris, ç'a l'air.

PIERRE-MARC
Tu veux boire quelque chose?

Il se dirige vers le piano.

ANNE-MARIE
Vous avez officiellement recommencé?

PIERRE-MARC
Moi je boirai pas. C'est pour toi. *(Il ouvre le couvercle du piano et en sort un flacon de schnaps à la pêche.)* J'ai du schnaps au pêche. C'est tout ce que j'ai.

ANNE-MARIE
Non merci. J'ai pas soif.

PIERRE MARC
OK. *(Un temps. Pierre-Marc prend une gorgée de schnaps.)* J'aimerais ça que tu me parles.

ANNE-MARIE
Que je te parle?

PIERRE-MARC
Je veux savoir comment ça s'est passé. Vous trois.

ANNE-MARIE
Marie-Pierre t'en as pas parlé?

PIERRE-MARC
C'est un sujet qui est difficile à aborder.

ANNE-MARIE
J'imagine.

PIERRE-MARC
Je suis un peu déçu de ma réaction. De pas avoir...

ANNE-MARIE
Tu devrais pas. C'est humain.

PIERRE-MARC
C'était pas fort.

ANNE-MARIE
C'était humain.

PIERRE-MARC
On arrive pas à en parler. On préfère faire comme si ça s'était pas passé.

ANNE-MARIE
Ah. Ben, je vois pas pourquoi tu veux que je t'en parle, d'abord!

PIERRE-MARC
En fait, si tu veux pas en parler, je peux comprendre. *(Pierre-Marc prend une autre gorgée.)* Y a des choses qui sont difficiles à exprimer avec les mots. T'es pas obligée de parler.

ANNE-MARIE
Je suis peut-être mieux d'y aller?

PIERRE-MARC
J'ai besoin de parler à quelqu'un. J'ai pus tellement d'amis. Je sais pas trop à qui je peux parler.

Il regarde Anne-Marie. Léger temps. Elle s'assoit. Pierre-Marc prend une autre gorgée.

PIERRE-MARC

Quand Marie-Pierre va à la garderie chercher le petit, je reste devant la fenêtre à attendre. Mais dans le fond, je l'attends pas. Je veux pas qu'elle revienne. Je veux qu'elle meure dans un accident, avec le petit. Pas parce que je l'aime pas. C'est pas de sa faute si ça va pas. C'est la vie qui est de la marde. *(Pause.)* Si elle pouvait disparaître, avec le petit, tout serait plus facile. Je serais malheureux. Je serais détruit. J'aurais le droit de tout faire sans me sentir coupable. Je vivrais une vie bordélique. Les gens s'en foutraient. Les gens diraient que je suis perdu. Ils me comprendraient. «Il a perdu sa femme pis son petit. Il a le droit d'être perdu.» Je serais un irresponsable total qui fait mal aux gens... mais ça serait juste normal. J'aurais le droit de me foutre de tout. J'aurais le droit de tout détruire, d'être enragé, d'être con! Je serais vivant! Ouin, c'est ça : je serais vivant.

Pause.

ANNE-MARIE

T'as une drôle de conception de la vie, je trouve.

Pierre-Marc prend une autre gorgée. Pause.

PIERRE-MARC

J'ai des condoms.

ANNE-MARIE

Quoi?

PIERRE-MARC

Je veux coucher avec toi.

ANNE-MARIE
Écoute, euh...

PIERRE-MARC
Je pense qu'il faut absolument que je couche avec toi.

ANNE-MARIE
Je suis pas certaine que/ c'est une bonne idée...

PIERRE-MARC
C'est ridicule. On allait le faire. J'ai eu un malaise. J'ai eu mal au cœur. Je me sentais pas bien. Mais ça me tentait...

ANNE-MARIE
Oui, oui, je sais/

PIERRE-MARC
J'ai juste besoin de comprendre ce qui s'est passé. Pis écoute, c'est simple, si on couche ensemble, toi pis moi, je vais pouvoir le visualiser ce qui s'est passé. Comprends-tu? Vu que je sais c'est comment faire l'amour avec Marie-Pierre, ben, si je le fais avec toi, ben je me dis que je vais être capable d'imaginer comment ça s'est passé pis je vais arrêter de faire tourner ça dans ma tête.

ANNE-MARIE
Ben là. Vas-tu coucher avec Marc-Antoine, aussi?

PIERRE-MARC
Quoi?

ANNE-MARIE
Marc-Antoine était là. Va falloir que tu couches avec lui aussi, si tu veux vraiment savoir comment ça s'est passé.

PIERRE-MARC

Je me suis mal exprimé. Ce que je veux dire, dans le fond, ce que je veux savoir, c'est comment ça se serait passé si j'avais accepté de coucher avec toi pis Marie-Pierre pis que Marc-Antoine était parti prendre une marche à ma place.

Anne-Marie regarde longuement Pierre-Marc.

ANNE-MARIE

Je suis désolée, mais je penserais pas que ça fonctionne.

PIERRE-MARC

Je vais amener des photos d'elle dans la chambre, si tu veux. Pour que ça nous aide à sentir sa présence.

ANNE-MARIE

Je veux pas coucher avec toi, Pierre-Marc.

PIERRE-MARC

T'aimerais mieux le faire à trois, c'est ça? Écoute... Je pourrais appeler une agence d'escortes pour qu'ils nous envoient une fille. Qu'est ce que t'en penses? Je décrirai Marie-Pierre, comme ça ils pourront nous envoyer une fille qui lui ressemble...

Un temps. Elle le regarde.

ANNE-MARIE

Appelle l'agence d'escortes. Pis demande-leur de t'envoyer deux filles.

PIERRE-MARC

Je comprends pas! T'étais prête à coucher avec moi! Tu voulais! Tu t'en souviens pas? Pourquoi tu veux pus? Tu voulais!

ANNE-MARIE
J'ai pas envie de jouer dans le dos de Marie-Pierre.

PIERRE-MARC
Qu'est-ce que tu veux dire?

ANNE-MARIE
J'ai pas envie de jouer dans son dos, c'est tout.

PIERRE-MARC
Tu l'as revue?

ANNE-MARIE
Quoi?!

PIERRE-MARC
Vous vous êtes revues, c'est ça?

ANNE-MARIE
Ben non! Franchement!

PIERRE-MARC
Je t'avertis! Il est pas question que t'essayes de me voler Marie-Pierre, OK?

ANNE-MARIE
Quoi!?

PIERRE-MARC
T'as beau penser ce que tu veux, c'est pas une lesbienne, OK?

ANNE-MARIE
Ben voyons donc! De quoi tu parles?

PIERRE-MARC

C'est quand même une femme mariée. On parle d'une femme mariée, là! C'est pas une jeune fille comme toi qui baise à gauche pis à droite!

ANNE-MARIE

Je pense que je vais y aller.

PIERRE-MARC

Oui, c'est ça! Sors d'ici, ma p'tite agace! Tu vas sortir d'ici! Je veux pus jamais te revoir la face, OK?

ANNE-MARIE

Prends ça cool, man!

Elle se dirige vers la sortie.

PIERRE-MARC

Attends! Attends, attends, attends! S'cuse-moi, je... T'es sûre que tu veux pas coucher avec moi?

ANNE-MARIE

T'es vraiment pathétique.

Il lance la bouteille de schnaps dans sa direction.

PIERRE-MARC

Je suis pas pathétique!!! Je veux baiser! Je veux te baiser! Je veux juste te baiser, c'est tout! Pourquoi j'aurais pas le droit de te baiser, moi aussi, hein?

Elle sort. Noir.

16

Marie-Pierre est seule sur le divan. Elle mange un pot de nourriture pour bébé. On entend le petit qui gazouille joyeusement dans son lit. Au bout d'un moment, Pierre-Marc entre et se laisse choir à côté d'elle. Léger temps. Ils ne se regardent pas.

PIERRE-MARC, *froidement*
Comment a été ton congrès?

MARIE-PIERRE, *même jeu*
Super.

Pause. Il se prend une cigarette et l'allume.

PIERRE-MARC
J'ai acheté des cigarettes.

MARIE-PIERRE
Ah bon.

PIERRE-MARC
C'est mon dernier paquet.

MARIE-PIERRE
Je penserais pas.

PIERRE-MARC
J'ai décidé que c'était mon dernier paquet.

MARIE-PIERRE
Ça serait très surprenant.

PIERRE-MARC
Des fois, la vie peut être très surprenante.

MARIE-PIERRE
La vie, oui. Toi, pas tellement.

Léger temps. Elle se lève et se dirige vers le piano.

PIERRE-MARC
Va falloir que tu t'achètes une autre bouteille de schnaps. J'ai terminé celle que t'avais cachée.

MARIE-PIERRE
C'est dommage. J'avais justement une petite soif.

PIERRE-MARC
Le piano, c'est une très mauvaise cachette.

MARIE-PIERRE
De toute façon, je me cacherai pus.

PIERRE-MARC
C'était plutôt prévisible comme cachette.

MARIE-PIERRE
J'ai bu beaucoup en fin de semaine, pis les gens ont particulièrement aimé ça.

PIERRE-MARC
C'est définitivement mon dernier paquet.

MARIE-PIERRE
Je me souviens pas de tout ce que j'ai fait, mais les gens m'ont dit qu'ils avaient particulièrement aimé ça.

PIERRE-MARC
Ce paquet-là, j'ai décidé de toutes les fumer comme des dernières.

MARIE-PIERRE
Imagine-toi donc que je me suis réveillée en bobettes, couchée sur le plancher de la salle de bain pis que je sais même pas comment j'ai atterri là... *(Cynique.)* C'était vraiment super.

PIERRE-MARC
Faut que tu regardes la fumée. Tu regardes la fumée se déplacer doucement pis disparaître. C'est comme ça qu'on fume sa dernière cigarette.

MARIE-PIERRE, *elle sourit tristement*
Je me sentais comme si j'avais 21 ans.

PIERRE-MARC
Ma première cigarette, j'avais ça : 21 ans.

MARIE-PIERRE
Dans l'avion aussi j'ai bu beaucoup.

PIERRE-MARC
J'ai commencé tard, mais je vais finir de bonne heure.

MARIE-PIERRE
J'ai espéré qu'on redescende jamais jamais jamais.

PIERRE-MARC
Marc-Antoine m'a prêté son fusil de chasse.

Pause. Elle le regarde.

MARIE-PIERRE
Un fusil de chasse? Pourquoi faire?

PIERRE-MARC
Qu'est-ce qu'y a? Tu trouves ça «surprenant»?

MARIE-PIERRE, *cynique*
Tu vas tirer le petit?

PIERRE-MARC
Juste si toi tu veux. *(Il éteint sa cigarette.)* Demain matin, à 9 heures, je me tire une balle. Si tu veux que je m'occupe de toi... Disons que si t'es encore là à 9 heures, je vais comprendre que tu veux que je m'occupe de toi aussi. Si t'aimes mieux pas, pars avant. Amène le petit à la garderie. Ou laisse-le ici. C'est comme tu veux. Moi je suis pas capable de continuer.

Noir.

Pierre dépression nerveuse

17

Silence. Pas de bébé qui pleure. Marie-Pierre, en robe de chambre, est assise sur le divan. Elle attend, anxieuse. Pierre-Marc apparaît en robe de chambre. Il va lentement la rejoindre et s'assoit près d'elle. Long temps. Ils ne se regardent pas.

MARIE-PIERRE
Qu'est-ce qui se passe?

PIERRE-MARC
Rien.

MARIE-PIERRE
Il est 9 heures et demie.

PIERRE-MARC
Je sais. J'ai changé d'idée.

MARIE-PIERRE
Pourquoi faire?

PIERRE-MARC
Je serai pas capable.

MARIE-PIERRE

T'es pas capable?

PIERRE-MARC

Non.

MARIE-PIERRE

Fuck! Comment ça se fait que t'es pas capable de rien faire, hein? Comment ça se fait que t'es pas capable de te donner un bon coup de pied dans le cul quand c'est le temps de faire ce que t'as à faire, crisse?!

PIERRE-MARC

Je suis désolé.

Marie-Pierre se lève et se dirige vers la sortie.

PIERRE-MARC

Qu'est-ce que tu fais?

MARIE-PIERRE

Je vais m'habiller. Il est 9 heures et demie, je suis supposée être au travail depuis une demi-heure pis ça m'étonnerait que mon boss qui est un con soit content que je sois en retard! Qu'est-ce que t'en penses?

PIERRE-MARC

Attends.

MARIE-PIERRE

Quoi?

Long temps. Il la regarde.

MARIE-PIERRE
Qu'est-ce qu'y a?!

PIERRE-MARC
Pourquoi t'es restée?

Long temps. Marie-Pierre ne répond pas.

PIERRE-MARC
Je suis content que tu sois restée, Marie... Je me disais que t'allais me laisser mourir tout seul comme un pauvre con... Mais t'es restée.

Temps.

MARIE-PIERRE
La dame du service d'adoption a appelé, hier. On a été acceptés.

Temps.

MARIE-PIERRE
Pis faut je te dise : je suis encore enceinte.

PIERRE-MARC
Quoi?!

MARIE-PIERRE
J'ai pas été me faire avorter.

PIERRE-MARC
Tu t'es pas fait avorter? Comment ça, tu/

MARIE-PIERRE
J'ai pas été capable. Tu dois être capable de comprendre ça. J'AI PAS ÉTÉ CAPABLE!

Temps. Elle le regarde longuement. Il ne dit rien.

MARIE-PIERRE, *sans vie*
Bon ben... Je vais aller travailler.

Elle le regarde longuement. Il ne trouve toujours rien à dire. Elle sort. Pierre-Marc reste assis sur le fauteuil, immobile. On entend une jolie mélodie jouée au piano. La noirceur enveloppe la scène.

Fin.

MIXTE
Papier
FSC® C100212

Achevé d'imprimer
sur les presses de l'imprimerie Gauvin,
Gatineau, Québec, Canada